江苏高校品牌专业建设工程资助项目
江苏省财政学品牌专业建设优秀成果

杨飞◎著

技能偏向性技术进步与发达国家劳动力市场极化

SKILL BIASED TECHNOLOGICAL CHANGE AND LABOR MARKET POLARIZATION IN DEVELOPED COUNTRIES

中国财经出版传媒集团
经济科学出版社
Economic Science Press

图书在版编目（CIP）数据

技能偏向性技术进步与发达国家劳动力市场极化／
杨飞著. —北京：经济科学出版社，2018.5
ISBN 978 - 7 - 5141 - 9413 - 5

Ⅰ.①技…　Ⅱ.①杨…　Ⅲ.①发达国家 - 劳动技能 -
关系 - 劳动力市场 - 研究　Ⅳ.①F249.12

中国版本图书馆 CIP 数据核字（2018）第 124206 号

责任编辑：杜　鹏　刘　瑾
责任校对：隗立娜
责任印制：邱　天

技能偏向性技术进步与发达国家劳动力市场极化
杨　飞　著
经济科学出版社出版、发行　新华书店经销
社址：北京市海淀区阜成路甲 28 号　邮编：100142
总编部电话：010 - 88191217　发行部电话：010 - 88191522
网址：www. esp. com. cn
电子邮件：esp@ esp. com. cn
天猫网店：经济科学出版社旗舰店
网址：http：//jjkxcbs. tmall. com
固安华明印业有限公司印装
787×1092　16 开　11.25 印张　200000 字
2018 年 8 月第 1 版　2018 年 8 月第 1 次印刷
ISBN 978 - 7 - 5141 - 9413 - 5　定价：49.00 元
（图书出现印装问题，本社负责调换。电话：010 - 88191510）
（版权所有　侵权必究　举报电话：010 - 88191586
电子邮箱：dbts@ esp. com. cn）

前　言

　　20 世纪 90 年代以来，欧美发达国家普遍经历了劳动力市场极化，即高技能劳动和低技能劳动的就业份额上升，中等技能劳动的就业份额下降。而且，美国的工资也出现极化趋势。劳动力市场极化意味着中等收入阶层的收入状况恶化，所以，这一现象逐渐为学术和政策领域所关注。本书从技能偏向性技术进步的角度，研究了劳动禀赋结构、国际贸易和制度质量对技能偏向性技术进步的影响，以及由此引发的技能偏向性技术进步对劳动力市场极化的影响。

　　文章的理论模型建立了新古典内生技能偏向性技术进步模型，从理论角度分析了劳动禀赋结构、国际贸易和制度质量促进技能偏向性技术进步的原因和机制，以及技能偏向性技术进步对劳动力市场不平等的影响机制。研究表明：（1）当高技能劳动与低技能劳动互补，与中等技能劳动相互替代时，高技能劳动相对供给上升将促进高技能偏向性技术进步，进而提高了高技能劳动和低技能劳动的相对需求和相对工资，即劳动力市场出现极化现象。（2）如果发展中国家产权保护不完善，南北贸易会促进高技能偏向性技术进步，从而会促进劳动力市场极化。发展中国家产权保护程度越高，南北贸易越能促进中等技能偏向性技术进步，不会促进劳动力市场极化。由于发达国家产权保护完善，发达国家间贸易促进了高技能偏向性技术进步。（3）高技能偏向性技术对制度质量的要求较高，所以制度质量对高技能偏向性技术进步的影响更大，进而制度质量提升会促进技能偏向性技术进步。

　　本书的实证研究部分利用欧美国家 1970～2007 年的数据实证研究了技能偏向性技术进步的原因及其对劳动力市场极化的影响，实证结果表明本书的理论分析符合经验事实。（1）劳动禀赋结构对技能偏向性技术进步存在显著的影响。其中，1970～1990 年间，高技能劳动与中低技能劳动存在替代关系，因此，高技能劳动相对供给上升促进了高技能偏向性技术进步。1990～

2007 年间，高技能劳动与低技能劳动变为互补关系，因此，高技能劳动相对供给上升同时促进了高、低技能偏向性技术进步，但抑制了中等技能偏向性技术进步。（2）南北贸易和发达国家间贸易显著促进了技能偏向性技术进步，但其效应小于劳动禀赋结构对技能偏向性技术进步的影响。此外，本书还特意分析了中国进出口对发达国家技能偏向性技术进步和劳动力市场极化的影响，结果表明，由于中国对发达国家进出口规模越来越大，显著促进了发达国家高技能偏向性技术进步。（3）制度质量对技能偏向性技术进步影响显著，具体而言，制度质量对高技能产业的技术创新影响较中等技能产业大。（4）技能偏向性技术进步和国际贸易显著促进了劳动力市场极化，但技能偏向性技术进步对劳动力市场极化的影响更大。因此，发达国家技能偏向性技术进步和劳动力市场极化的主要影响因素是劳动禀赋结构的变化，国际贸易和中国因素为次要因素。

作　者
2018 年 3 月

目　录

第1章　导论 ……………………………………………………… 1

　1.1　问题的提出 ………………………………………………… 1

　1.2　文献综述 …………………………………………………… 4

　1.3　研究思路 …………………………………………………… 25

　1.4　研究方法 …………………………………………………… 26

　1.5　本书结构安排 ……………………………………………… 27

　1.6　本书的创新点和不足 ……………………………………… 28

第一部分　理论模型

第2章　劳动禀赋结构与技能偏向性技术进步 ………………… 31

　2.1　模型设定 …………………………………………………… 31

　2.2　均衡分析 …………………………………………………… 32

　2.3　小结 ………………………………………………………… 40

第3章　国际贸易与技能偏向性技术进步 …………………… 42

　3.1　南北贸易与技能偏向性技术进步 ………………………… 42

　3.2　国际技术竞争与技能偏向性技术进步 …………………… 49

　3.3　小结 ………………………………………………………… 55

第4章　制度与技能偏向性技术进步 ………………………… 57

　4.1　税收金融政策与技能偏向性技术进步 …………………… 57

　4.2　制度质量与技能偏向性技术进步 ………………………… 63

4.3 小结 ·· 69

第二部分 实证分析

第5章 劳动禀赋结构与技能偏向性技术进步实证研究 ············ 73

5.1 引言 ·· 73

5.2 实证研究 ·· 74

5.3 对中国就业极化的探讨 ·································· 83

5.4 小结 ·· 84

第6章 国际贸易与技能偏向性技术进步实证研究 ············ 86

6.1 引言 ·· 86

6.2 实证分析 ·· 87

6.3 小结 ·· 95

第7章 制度质量与技能偏向性技术进步实证研究 ············ 96

7.1 引言 ·· 96

7.2 实证分析 ·· 97

7.3 中国案例实证分析 ······································ 106

7.4 小结 ·· 115

第8章 技能偏向性技术进步与劳动力市场极化实证研究 ······ 116

8.1 引言 ·· 116

8.2 实证分析 ·· 116

8.3 小结 ·· 127

第9章 国际贸易、技能偏向性技术进步与劳动力市场极化实证
研究 ·· 128

9.1 引言 ·· 128

9.2 实证分析 ·· 128

9.3 稳健性检验 ·· 134

9.4 小结 ······················· 140

第10章 结论及政策启示 ····················· 142

10.1 本书主要结论 ······················· 142

10.2 政策启示 ························· 143

10.3 对中国的启示 ······················ 144

附录 ····························· 147

参考文献 ··························· 157

后记 ····························· 170

第 1 章

导　论

1.1　问题的提出

1990 年以后，欧美国家劳动力市场出现了极化现象：高技能劳动和低技能劳动的就业份额不断上升，而中等技能劳动的就业份额不断下降（见图 1.1）。此外，如图 1.2 所示，美国高技能和低技能劳动的实际相对工资（相对于中等技能劳动）不断上涨［阿西莫格鲁和奥特尔（Acemoglu and Autor，2010）］。欧盟多数国家虽然还没有出现工资极化现象，但如图 1.3 所示，高技能劳动和低技能劳动的劳动报酬份额不断上升，而中等技能劳动的

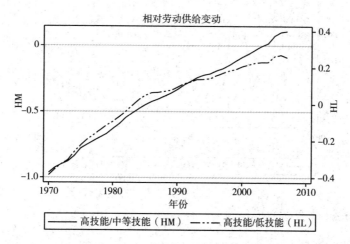

图 1.1　欧美国家劳动就业结构变动

资料来源：EU KLEMS 数据库（www. euklems. net）。

劳动报酬份额却在下降 [古斯、马宁和萨洛蒙斯 (Goos, Manning, and Salomons, 2009]。加莫维奇和兆 (Jaimovich and Siu, 2012) 进一步研究发现, 美国的无就业复苏主要是由于就业极化, 经济复苏过程中工作岗位的消失主要发生于中等技能劳动所从事的工作, 而高技能和低技能劳动所从事的工作在经济复苏过程中均有不同程度的增加。

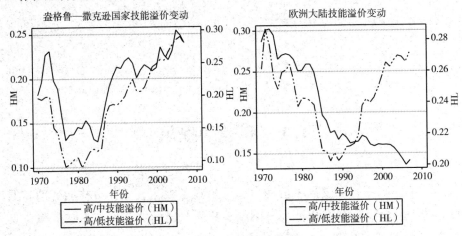

图 1.2 欧美国家技能溢价变动

资料来源：EU KLEMS 数据库 (www. euklems. net)。

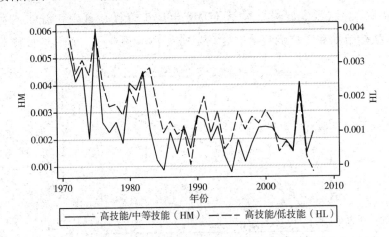

图 1.3 欧美国家劳动报酬份额变动

资料来源：EU KLEMS 数据库 (www. euklems. net)。

对于劳动力市场极化的解释, [奥特尔、卡茨和科尔尼 (Autor, Katz and Kearney, 2006)], 阿西莫格鲁和奥特尔 (2010) 的理论认为技能偏向性技术进步对中等技能劳动的替代是劳动力市场极化的主要原因[①]。该理论认为，制造业和零售业中的很多工作是按照固定规则（routine）进行的，因而这些工作可以通过计算机编程和 IT 设备来完成。随着信息技术的进步和 IT 资本价格的下降，企业会用更多的 IT 设备来替代人工操作。由于这些工作多由中等技能劳动来完成，所以企业雇佣更多的 IT 设备会降低对中等技能劳动的需求。与此同时，IT 设备需求上升还提高了企业对高技能劳动的需求。[②] 低技能劳动所从事的工作多为低技能服务业，需要人与人或人与环境面对面地交流，所以信息技术的进步不会对低技能劳动产生替代。阿西莫格鲁和奥特尔（2010）和奥特尔和多恩（Autor and Dorn，2012）认为低技能密集型产业和高技能密集型产业至少是弱互补的，当高技能产业发展到一定程度后会带动低技能产业的扩张，因而出现高技能劳动和低技能劳动需求上升而中等技能劳动需求下降的现象，也就是说，信息技术进步是高技能偏向性和低技能偏向性的。他们利用美国的数据实证了这一理论假说。迈克尔斯等（Michaels 等，2010）和古斯、马宁和萨洛蒙斯（2009）利用欧盟的数据也证实这一假说。

但是上述这些文献并未研究劳动力市场极化背景下技能偏向性技术进步的原因，从而未能更深入地研究技能偏向性技术进步导致劳动力市场极化的影响机制。同时，技能偏向性技术进步理论是随着 20 世纪 80 年代以来发达国家技能溢价上升而提出的，并被认为是技能溢价的主要因素（阿西莫格鲁，2002b；奥特尔和多恩，2012）。[③] 但该理论在建模时只包含高技能劳动和低技能劳动两种生产要素，[④]

[①]　维奥兰特（Violante，2008）为《新帕尔格雷夫经济学词典（The New Palgrave Dictionary of Economics）》词条"技能偏向性技术进步"的定义是：技术进步通过提高技能劳动相对于非技能劳动的生产率（或边际产出），从而提高了技能劳动的相对需求，这种技术进步称为技能偏向性技术进步。维奥兰特（Violante）将劳动分为技能劳动和非技能劳动，而本书将劳动分为高、中、低技能劳动，所以本书的偏向性技术进步可分为高技能偏向性技术进步、中等技能偏向性技术进步和低技能偏向性技术进步。在下文中，如无特别说明，技能偏向性技术进步特指高技能偏向性技术进步。关于技能偏向性技术进步更详细的概念及推导见文献综述第一小节。

[②]　也就是说，IT 设备所代表的信息技术进步是高技能偏向的，我们也可将其称为高技能偏向性技术进步。

[③]　1980 ~ 1990 年间欧美国家高技能劳动的就业份额和相对工资不断上升，而中低技能劳动的就业份额和相对工资不断下降。

[④]　本书中的高、中、低技能劳动指拥有高、中、低技能水平的劳动投入。一般而言，高、中、低技能劳动力分别从事高、中、低技能劳动。但受市场条件或技术进步的影响，高技能劳动力可能会从事中等技能劳动，中等技能劳动可能会从事低技能劳动。阿西莫格鲁和奥特尔（Acemoglu and Autor，2010）分析了不同技能劳动力在高、中、低技能劳动间的转换。

不足以解释包含高、中、低三种技能劳动的劳动力极化现象。为了弥补这些研究的缺陷，本书建立了一个包含高、中、低技能劳动的三要素模型，从理论和经验角度研究欧美国家劳动力市场极化背景下技能偏向性技术进步的原因及其对劳动力市场极化的影响。

此外，本书为研究中国劳动力市场变化提供了借鉴。葛和杨（Ge and Yang, 2012）利用中国城市住户调查数据研究了中国的工资结构和就业结构，表明 1992~2007 年间中国的就业份额出现了极化①，而工资还没有出现极化。但该文主要研究工资不平等，而且以高低技能劳动的两要素模型为基础，因而未能很好地研究就业极化的原因。本书的三要素模型可以为研究我国就业极化提供一个理论基础。

1.2 文献综述

本节介绍技能偏向性技术进步和劳动力市场极化方面的已有研究成果，并对这些研究文献进行评价，从而为本书下一步的研究奠定基础。结构安排如下，首先，介绍技能偏向性技术进步的概念及技术进步偏向性的历史；其次，介绍技能偏向性技术进步的原因及其理论机制；最后，介绍关于劳动力市场极化的已有研究成果。

1.2.1 技能偏向性技术进步的概念

阿西莫格鲁（2009）给出了要素增强型技术进步和要素偏向性技术进步的概念及这两个概念的区别，② 本节对此做一介绍。假设 CES 生产函数为：

$$Y = \left[\lambda \left(A_H H \right)^{\frac{\delta-1}{\delta}} + (1-\lambda) \left(A_L L \right)^{\frac{\delta-1}{\delta}} \right]^{\frac{\delta}{\delta-1}} \tag{1.1}$$

其中，设 H 为高技能劳动；L 为低技能劳动；δ 为替代弹性；A_H 为高技

---

① 1992~2007 年，制造业就业份额下降 12.1%，高端服务业就业份额下降 2.1%，而低端服务业的就业份额上升了 14.2%。

② 判定技术进步是中性还是偏向性技术进步，取决于技术进步是否改变生产函数中要素间的比例关系。

能增强型技术进步，定义为 $\frac{\partial Y}{\partial A_H} = \frac{H}{A_H}\frac{\partial Y}{\partial H}$①，这意味着随着高技能增强型技术的进步，高技能劳动边际产出上升，即 $\partial(\partial Y/\partial H)/\partial A_H > 0$。$A_L$ 为低技能增强型技术进步，经济学意义同高技能增强型技术进步类似。

根据式（1.1），高技能增强型技术进步提高高技能劳动的边际产出的同时，也提高了低技能劳动的边际产出，即 $\partial(\partial Y/\partial L)/\partial A_H > 0$。那么，高技能增强型技术进步提高高技能劳动和低技能的边际产出孰大孰小取决于替代弹性。根据式（1.1），我们得到如下数学表达式：

$$\frac{\partial\left(\dfrac{MP_H}{MP_L}\right)}{\partial A_H} = \frac{\partial\left(\dfrac{\partial Y/\partial H}{\partial(\partial Y/\partial L)}\right)}{\partial A_H}\begin{cases}>0，当\ \delta>1，A_H\ 为高技能偏向性技术进步\\=0，当\ \delta=1，\quad A_H\ 为中性技术进步\\<0，当\ \delta<1，A_H\ 为低技能偏向性技术进步\end{cases}$$

$$(1.2)$$

即当替代弹性大于 1 时，高技能增强型技术进步对高技能劳动的边际产出影响更大，从而对高技能劳动的需求更多，此时，高技能增强型技术进步称为高技能偏向性技术进步。相应地，替代弹性小于 1 时，高技能增强型技术进步会更多地提高低技能劳动的需求，因此称为低技能偏向性技术进步。当替代弹性为 1 时，CES 生产函数即科布—道格拉斯生产函数，高技能增强型技术进步不会偏向任何一种生产要素，该技术进步为中性技术进步，但该中性技术进步非希克斯中性技术进步。需要说明的是，下文建立的模型为三要素嵌套 CES 模型，而本节为了分析方便建立了两要素的 CES 生产函数，但是技能偏向性技术进步的概念是一致的。

1.2.2　技能偏向性技术进步的历史

1.2.2.1　第一次工业革命时期技术进步的偏向性

1. 技术进步的内容与特点

里夫金（2012）将历次工业革命的特点作了梳理，发现每次重大的经济革命都出现在新能源和新通信技术结合的时期。他认为能源和通信的结合是

---

① 参见阿西莫格鲁的 *Directed Technological Change* 讲义，http：//economics. mit. edu/faculty-/ace-moglu/courses。

经济体系重要的基础设施。其中，能源是经济体系的血液，使自然资源转换为人们需要的商品和服务。而通信技术是经济体系的中枢神经系统，对经济活动进行监督和协调。第一次工业革命时期，蒸汽机开始大规模应用，18世纪共建造了2500台蒸汽机，其中828台用于煤矿，209台用于铜矿和铅矿（莫基尔，2008）。这一时期主要的能源就是煤炭，煤炭为蒸汽机提供了相对廉价的燃料来源，而蒸汽机的大规模应用又促进了煤炭的开采。以蒸汽机为动力的印刷机大大降低了印刷成本，使得报纸、杂志和书籍成为主要的信息传播工具，也使得知识的扩散和人力资本积累更加容易（里夫金，2012）。

能源和通信技术的结合进一步促进了其他领域的技术进步。第一次工业革命时期，冶金技术、纺织技术、工程和机床技术、化工技术在"煤炭+蒸汽机"的推动下有了显著的进展，而且这些技术相互利用，推动了相应产业的快速发展（兰德斯，2007）。第一次工业革命时期的信息传播效率虽然没有今天那么高，但也促进了技术的扩散和模仿。

2. 技术进步的偏向性

关于第一次工业革命时期技术进步的偏向性，现有文献有两种观点。

阿西莫格鲁（2002b）认为，英国当时有大量的农民和爱尔兰移民，一方面这些低技能工人的工资低；另一方面这些低技能工人的规模大，所以开发低技能偏向性的技术是有利可图的，事实上第一次工业革命时期发明的纺纱机等机械只需低技能劳动就可操作，所以第一次工业革命时期的技术进步是低技能偏向性的。

不过，艾伦（Allen，2009）的研究却发现，第一次工业革命时期的技术进步是劳动节约型的。① 该文发现，当时英国的工资和生活标准是全世界最高的，而且由于殖民地贸易，英国拥有廉价的煤炭。该文进一步认为高工资和廉价煤炭刺激了那些替代劳动并多用资本和煤炭的技术的发展，例如，蒸汽机为了提高劳动生产率而增加了对资本和煤炭的利用，纺织厂利用机器替代人工纺纱织布，锻铁厂利用煤炭替代木炭锻铁等。该文认为是高工资促使第一次工业革命新技术的出现和大范围的应用，其思路实际上同下文将要介绍的诱致性技术进步一致：要素的稀缺或高价格诱发的技术进步。艾伦

① 该文并未区分高、低技能劳动，但由于当时英国的劳动供给大部分是低技能的，所以劳动节约型的技术也包含了低技能劳动。

（2013）对该观点作了进一步的解释。

1.2.2.2　第二次工业革命时期技术进步的偏向性

1. 技术进步的内容与特点

第二次工业革命以电力、内燃机为标志。电力最早用于电信技术，对 19 世纪及以后产生了巨大的影响。内燃机使得汽车大量生产，成为经济生活中重要的交通工具。与此同时，作为内燃机燃料的石油作为新能源变得日益重要。不过作为电力和蒸汽机燃料的煤炭依然是经济中重要的能源来源。

2. 技术进步的偏向性

第二次工业革命对高技能劳动和低技能劳动的偏向性不明确。阿塔克、巴特曼和马格（Atack, Bateman and Margo, 2004）研究表明，第二次工业革命早期，制造业劳动分工的细化和生产的标准化降低了对高技能劳动的需求，但是，1850 年以后，随着制造业资本化和机械设计复杂性的上升和电力的大规模应用，制造业对高技能劳动的需求开始上升。该文利用 1850～1880 年的数据实证研究表明，这一时期总的来说是低技能偏向性的，即减少了对高技能劳动的需求。奇朱和汤普森（Chin Juhn and Thompson, 2006）研究了 1892～1912 年蒸汽机船对技能劳动的需求，发现蒸汽机船提高了对工程师等高技能劳动的需求，但也降低了对水手等低技能劳动的需求。格雷（Gray, 2013）利用美国 1880～1940 年的职业数据研究表明，随着制造业的电气化，制造业对高技能劳动的需求上升，对低技能的手工劳动的需求下降，也就是说电气化是高技能偏向的。戈登和卡茨（Goldin and Katz, 1998）的研究表明，1909～1929 年间，随着电动机的大范围应用，技术—技能互补的趋势更加明显。从这些研究可以看出，第二次工业革命中，技术进步逐步由低技能偏向性技术进步向高技能偏向性技术进步过渡。①

1.2.2.3　第三次工业革命时期技术进步的偏向性

1. 技术进步的内容与特点

第二次世界大战以后，信息技术逐渐取代电信技术成为最主要的信息传播和经济交往的工具。信息通信技术和化石能源成就了今天的繁荣，不过里夫金（2012）认为信息通信技术和化石能源的融合已经完成，其对经济的推

---

① 从现今的角度看，制造业工人是中等技能劳动，但在第二次工业革命时期，制造业劳动工人是高技能的。

动潜力将要走到尽头：一方面，化石能源作为不可再生能源，开采高峰已经过去，迟早有枯竭的那一天；另一方面，工业化造成了全球温室效应，而且根据科学家的预测，全球气温到 21 世纪末将至少上升 3 度，这意味着全球最高 70% 的物种可能会灭绝。

里夫金（2012）认为未来的"第三次工业革命"将是信息技术和可再生能源的结合，① 这种结合将会使今天集中层级式的经济模式向分散合作式的经济模式转变。

2. 技术进步的偏向性

第三次工业革命中的信息技术提高了对高技能劳动的需求，即高技能偏向性技术进步，这一点得到学者的普遍认同。马勤和范瑞尼（Machin and Van Reenen, 1998）利用 OECD7 个国家 1973～1989 年数据研究表明，以计算机使用率衡量的高技能偏向性技术进步在这个 7 个国家普遍存在，且是高技能劳动需求上升的显著因素。福尔克和西蒙（Falk and Seim, 2001）利用德国 1994～1996 年的面板数据研究表明，IT 资本投资与产出比越高，高技能劳动的雇佣比越高。福尔克（Falk, 2001）利用德国 2000 年的跨行业数据研究表明，工人人均计算机拥有率、工人中互联网和软件用户使用比例（简称 ICT 渗透率）越高的企业，雇用的高技能劳动越多；相反，ICT 渗透率与中等技能和低技能劳动显著负相关。奥特尔、兰维和墨南（Autor, Levy and Murname, 2003）利用美国 1960～1998 年的数据研究表明，以计算机化率表示的技术进步降低了标准化操作的工作（即本书的中等技能劳动）需求，而提高了高技能劳动的工作需求，这表明这种技术进步是高技能偏向的。阿西莫格鲁（2002b）在研究了已有文献资料的基础上，认为 20 世纪初以来，技术进步就表现出高技能偏向性。

1.2.3 劳动禀赋结构与（技能）偏向性技术进步

1.2.3.1 诱致性偏向性技术进步

早期的偏向性技术进步理论主要是诱致性偏向性技术进步，但同本书研究的技能偏向性技术进步有较紧密的渊源，因此，本节对此做一介绍。最早

---

① 里夫金（2012）认为之前的信息技术革命为第二次工业革命的成熟阶段。

研究技术进步偏向性的是希克斯（Hicks，1932），他区分了经济增长的两个来源：要素投入的增加和技术进步，而技术进步可分为中性技术进步、劳动节约型技术进步和资本节约型技术进步，技术进步具体偏向劳动或资本取决于生产要素的相对价格，被称为诱致性偏向性技术进步。罗斯巴特（Rothbarth，1946）、哈巴谷（habakkuk，1962）、肯尼迪（Kennedy，1964）和萨缪尔森（Samuelson，1965）等沿着希克斯的思路进一步分析了价格效应导致的偏向性技术进步。哈巴谷假设认为技术进步倾向于节约更加稀缺的要素，因为稀缺要素的相对价格更高，例如，19世纪美国的技术进步快于英国，就是因为美国的劳动更加稀缺，进而诱发了劳动节约型技术进步。如果生产产品需要用到劳动和资本，那么，劳动节约型技术进步节约了劳动，但会雇佣更多的资本，因而劳动节约型技术进步也可称为资本偏向性技术进步。

诱致性偏向性技术进步近年来也得到不断深入的研究。艾伦（2009）研究了英国工业革命的原因，认为由于当时英国劳动力价格高昂而能源价格较低，因而发明者发明机器来替代劳动，即诱发了劳动节约型技术进步，由于英国的市场规模较大，创新所获得的利润高于创新成本，这种劳动节约型技术进步获得了长足增长空间。但并不是在所有条件下要素稀缺或高价格都可以诱发偏向性技术进步，阿西莫格鲁（2010）通过数理模型形式化了价格诱导的偏向性技术进步的条件，如果技术进步导致劳动的边际产品下降，即技术进步是劳动节约的，那么劳动稀缺或劳动价格上涨将诱发技术进步，相反，如果技术进步是劳动互补的，劳动稀缺就会阻碍技术进步，但是这些条件是否成立，即劳动稀缺能否促进技术进步是一个经验问题。许多实证文献研究了诱致性偏向性技术进步，例如，纽厄尔，杰菲和斯塔文斯（Newell, Jaffe and Stavins，1999）分析表明，20世纪70年代以后，能源价格上升诱发了节能技术的进步，进而提高了能源利用效率。环境政策方面的文献大都证明了诱致性偏向性技术进步的存在。泽蔓等（Zwaan et al.，2002）和阿吉翁等（Aghion et al.，2012）研究了环境政策如碳税对偏向性技术进步乃至经济增长的影响。

1.2.3.2　偏向性技术进步理论的形式化发展

早期的诱致性偏向性技术进步理论只考虑了价格效应。但是价格上升或资源稀缺未必一定能诱发技术进步，反而可能因为成本高昂降低利润并阻碍技术进步（阿西莫格鲁，2010）。所以仅用价格效应不足以完全解释偏向性技术进步。与价格效应对技术进步作用方向相反，施莫克勒（Schmookler，1966）较早注意到市场规模（market size）对技术进步的影响，他认为市场规模是技术进步的关键，因为某一要素或产品的市场规模越大，基于该要素或产品进行创新的利润也越高，从而技术进步越快。例如，杜波依斯等（Dubois et al.，2011）运用医药行业的经验数据表明，某一领域医药的市场规模越大，利润越高，创新就会向这一领域偏向。罗默（Romer，1990），斯格尔斯特罗姆等（Segerstrom et al.，1990），阿吉翁和霍伊特（Aghion and Howitt，1992）和格罗斯曼和赫尔普曼（Grossman and Helpman，1991a，1991b）从产品多样化或质量改进的形式将技术进步内生化，并赋予技术进步丰富的微观基础，使得内生技术进步理论在此后的 20 年获得了长足的发展。上述文献所建模型的一个显著特点是"规模效应"（scale effect）的存在，即劳动力的增加不仅能提高人均收入水平和间接增长率，而且还能促进技术进步。[①] 这些理论的发展都为偏向性技术进步形式化的发展奠定了理论基础。

阿西莫格鲁（1998，2002a）和凯莱（Kiley，1999）将早期的偏向性技术进步理论和1990 年以来的内生技术进步理论结合，形式化了偏向性技术进步，并增加了微观基础，使得偏向性技术进步对经济现象的解释更加丰富有力。阿西莫格鲁（1998，2002a，2003，2010）的一系列文章构建了严谨的理论模型分析了偏向性技术进步，企业基于利润最大化原则进行技术研发，技术偏向哪一要素取决于相对利润率。阿西莫格鲁的这些研究表明，价格效应和市场规模效应是影响技术研发的主要因素，价格效应是指研发生产更加昂贵的产品的技术或利用更加高贵的生产要素的技术，价格越高，研发该技术的激励越大；而市场规模效应是指要素相对规模越大，它的市场规模也越大，研发利用该要素的技术的市场规模越大。所以阿西莫格鲁偏向性技术进步理论的价格效应偏向于稀缺要素，市场规模效应偏向于丰裕要素，具体哪个效应更大取决于要素间的替代弹性。该理论的应用非常广泛，如劳动力市场、国际贸易、技术扩散、环境政策、国际收入差距、生产率差距等。

目前关于偏向性技术进步原因的实证文献还比较少，这也是本书研究的

---

① 这里的"规模效应"同偏向性技术进步的"市场规模效应"有所区别，规模效应是指劳动力规模对技术进步率和经济增长率的影响，而市场规模效应是指两个产品的相对市场规模对技术进步的影响，因此，可以认为规模效应是市场规模效应的强形式（阿西莫格鲁，2009）。不考虑规模效应的内生技术进步理论请参见琼斯（Jones，1995a，1995b，1998）等。

目的之一。就作者所阅读的文献来看，汉隆（Hanlon，2011）是较早的一篇验证阿西莫格鲁偏向性技术进步理论的实证文献，该文检验了市场规模效应对英国纺织技术偏向性的影响。该文研究表明，第一次工业革命时期，由于美国内战减少了其对英国的棉花供给，取而代之的是印度棉花大量出口到英国，因此，基于利用和提高印度棉花生产率的技术开始大量出现。这表明印度棉花的市场规模效应促进了英国棉纺织业的技术进步。①

1.2.3.3　技能偏向性技术进步的提出与发展

根据研究目的的不同，可以将偏向性技术进步理论应用于各种生产要素的技术偏向性。例如，研究劳动和资本的报酬份额，我们可以假设产出是劳动和资本的函数，那么，在这个经济环境下，偏向性技术进步有两类：劳动偏向性技术进步（或资本节约型技术进步）和资本偏向性技术进步（或劳动节约型技术进步）。

随着 20 世纪 80 年代发达国家技能劳动和非技能劳动工资差距的扩大（即技能溢价上升），西方的学者开始用技能偏向性技术进步解释技能溢价的上升，如奥特尔、卡茨和克鲁格（Autor，Katz and Krueger，1998）和阿西莫格鲁（1998，2002a，2003）等。其中，阿西莫格鲁（1998，2002a，2003）的研究中假设产出是高技能劳动和低技能劳动的函数，因此，模型中有两类偏向性技术进步：高技能偏向性技术进步和低技能偏向性进步。② 而本书基于劳动力市场极化的背景，将劳动分为高技能劳动、中等技能劳动和低技能劳动，因此，本书中有三类偏向性技术进步：高技能偏向性技术进步、中等偏向性技术进步和低技能偏向性技术进步。

1.2.4　国际贸易与技能偏向性技术进步

1.2.4.1　南北贸易与技能偏向性技术进步

阿西莫格鲁（2002a，2003）在其偏向性技术进步理论的基础上，进一步分析了国际贸易对技能偏向性技术进步的影响。他的研究表明，在南北贸

---

①　由于各原产地棉花的质量不同，因而需要研发基于不同原产地棉花的技术。而且印度棉花的供给量庞大，相反美国、巴西和埃及棉花质量虽好，但其供给受到战争或供给量有限的限制（汉隆，2011）。

②　有的文章中将劳动分为技能劳动和非技能劳动，因此，偏向性技术进步可分为技能偏向性技术进步和非技能偏向性技术进步。

易过程中，技术进步的偏向性取决于发展中国家知识产权保护程度。如果发展中国家拥有良好的知识产权保护，低技能劳动的市场规模效应居于主导地位，这将会导致低技能偏向性技术进步；如果发展中国家不拥有良好的知识产权保护，市场规模效应不变，但高技能劳动的价格效应居于主导地位，这将导致高技能偏向性技术进步。

甘斯和邦戈理（Gancia and Bonglioli，2008）分析了在发展中国家缺乏知识产权保护的情况下，南北贸易对偏向性技术进步的影响。该文研究表明，由于发展中国家缺乏知识产权保护，南北贸易将会使发达国家的技术进步发生在其拥有比较优势的部门（即高技能密集型部门），而发展中国家将会专业化于相对低生产率的部门（即低技能密集型部门），因而促进知识产权保护不仅有利于发达国家，也有利于发展中国家。该文基于这一理论框架实证研究表明贸易开放降低了美国制造业的研发投入，由于制造业属于中低技能产业，如果贸易开放降低了制造业的研发投入，则说明贸易开放促进了高技能偏向性技术进步。该文虽然在分析部门偏向性技术进步，但由于发达国家的优势部门集中于高技能产业，所以进一步验证了阿西莫格鲁的一系列分析。许（Xu，2001）构建了一个理论模型同时分析了贸易对要素偏向性技术进步和部门偏向性技术进步的影响，贸易开放将会导致发达国家产生技能偏向性技术进步，但是发生在劳动密集型部门，而非技能密集型部门，这是因为如果技能偏向性技术进步主要发生在技能密集型部门，整个经济的资源都会集中于技能密集型部门，即专业化经济。部门偏向性技术进步还同技术进步与结构变迁方面的文献相关，见鲍莫尔（Baumol，1967），孔塞姆特、瑞毕洛和谢（Kongsamut，Rebelo and Xie，2001）等。

1.2.4.2 发达国家间贸易与技能偏向性技术进步

目前分析发达国家间贸易与技能偏向性技术进步关系的文献较少，阿西莫格鲁（2002a，2003）表明，由于发达国家高技能劳动相对富裕，且产权保护比较完善，高技能劳动的市场规模效应占主导地位，所以贸易开放将促进发达国家高技能偏向性技术进步。这一理论是基于赫克谢尔—俄林理论，我们还可以根据产业内贸易理论和企业异质性贸易理论得到发达国家间贸易对技能偏向性技术进步的影响，见下节关于进口和出口对技能偏向性技术进步影响的文献综述。

倪格和维德尔（Thoenig and Verdier，2003）分析了国际贸易对内生防护性技能偏向性技术进步（defensive skill-biased technological change）的影响。为了减少外国厂商的技术模仿或外溢，本国企业会提高产品的技能复杂度，因而促进了技能偏向性技术进步，提高了对技能劳动力的需求和技能溢价，并利用法国 1986~1992 年制造业的面板数据证实了这一点。该机制不同于阿西莫格鲁关于偏向性技术进步的价格或市场规模机制。

1.2.4.3　出口、进口与技能偏向性进步进步

前面只研究国际贸易对技能偏向性技术进步的影响，本节介绍单向的出口和进口对技能偏向性技术进步的影响。在国际贸易中，进口和出口对技术进步方向的影响可能是不同的。布鲁姆、德拉卡和范瑞尼（Bloom, Draca and Van Reenen, 2011）研究表明，发达国家在高技能产品的生产上拥有比较优势，而发展中国家在生产中低技能产品上拥有比较优势。因此，当发达国家进口发展中国家的中低技能密集型产品时，可能会对本国的中低技能产业形成威胁，从而促使资源进一步向高技能部门转移，并提高了高技能部门的相对技术水平。该文利用中国对欧盟出口数据实证研究表明，来自中国的进口竞争降低了欧盟中等技术企业的生存率并减少了就业机会，但来自进口的竞争效应和资源配置效应提高了欧盟企业的存活企业的技术水平，而且这两种效应占欧盟企业技术升级的 25%。甘斯和邦戈理（2008）研究了发展中国家对美国出口对美国制造业研发投入的影响，来自发展中国家的进口渗透率越高，美国制造业的研发投入越少。由于制造业属于中等技能产业，美国并不拥有比较优势，所以他们的经验结果证实了偏向性技术进步理论模型的预测。进口对技能偏向性技术进步产生影响的途径还包括，来自发展中国家技术模仿的威胁；进口更多新中间品所带来的生产率的提升效应（布鲁姆、德拉卡和范瑞尼，2011）。伯斯坦，克拉维诺和沃格尔（Burstein, Cravino and Vogel, 2013）和帕罗（Parro, 2013）基于资本—技能互补假设，研究表明，贸易开放会促使本国进口更多的资本品，所以，资本品的积累将会提高本国技能劳动的需求，因此，进口资本品将会促进本国的技能偏向性技术进步。

福霍根（Verhoogen, 2008）提出了一个分析发展中国家向发达国家出口产品，并提高出口国技术水平的理论：首先，出口国企业存在生产率的异质性，而且进入出口市场的成本是固定的，因此，只有那些最具生产力的企业才会选择出口；其次，出口企业生产的产品具有异质性，而消费者的收入水平越高，所需求的消费品质量也越高，因此，发展中国家的企业向发达国家

出口产品的质量要高于国内产品的质量；最后，生产更高质量水平的产品要求更高技能水平的工人。基于这三个原因，出口刺激了出口国技能水平的升级。[①] 如果考虑发达国家出口市场竞争，那么可以设想，福霍根（2008）的理论同样适用于发达国家向发达国家出口产品，并提高发达国家技能水平。

松山（Matsuyama，2007）提出了一个出口提升技能水平的机制—技能偏向性的全球化（Skill-Biased Globalization）。相对于国内市场，出口所需的要素投入所包含的技能水平更高，例如，国际商务、语言技能、海洋运输保险、越洋运输和分销体系，这些都需要高技能人才来满足出口的需要。布兰比拉，莱德曼和波尔图（Brambilla，Lederman and Porto，2012）进一步在福霍根（2008）和松山（2007）的基础上认为，如果发展中国家出口的目的地是发达国家，那么，发展中国家需要更多的技能劳动来满足出口。如果发达国家向发达国家出口产品，面对激烈的国际市场竞争，发达国家出口企业所需的技能劳动也会更多。

1.2.4.4　外包与技能偏向性技术进步

阿西莫格鲁、甘斯和瑞理伯提（Acemoglu，Gancia and Zilibotti，2012）研究表明，外包会导致技能产品的相对价格上升，引发价格效应。但也会引发市场规模效应，因为发展中国家的低技能劳动力更丰富。如果工作（task）之间的替代弹性大于高技能劳动和低技能劳动的替代弹性，当外包规模较小的时候，价格效应大于市场规模效应，因此，会引发高技能偏向性技术进步。当外包达到一定规模后，外包会引发低技能偏向性技术进步。所以，外包首先会提高收入不平等，其次会降低收入不平等。本书的理论模型部分主要分析了技能偏向性技术进步对劳动力市场极化的影响，并没有分析外包对劳动力市场极化的影响机制，外包将作为控制变量进行经验分析。

1.2.5　制度质量与技能偏向性技术进步

阿吉翁、阿克希特和霍伊特（Aghion，Akcigit and Howitt，2013）研究表明，更低的产业进入障碍、更高的贸易开放度和民主制度有利于技术前沿国家或技术前沿产业的技术创新。直观上讲，高技能产业的技术进步对制度质

---

① 因此，该理论不适用于发达国家向发展中国家出口产品的情况。布鲁姆、德拉卡和范瑞尼（2011）的经验研究也表明，欧盟向中国出口产品对欧盟企业技术升级的作用不显著。

量要求较高，低等技能产业的技术进步对制度质量的要求相对较低。相应地，如果制度不会对技术创新存在约束，那么，制度质量对高技能产业技术创新的边际效应可能更高。从中我们可以推测，制度质量提高所促进的技术进步可能是高技能偏向性的。当然，制度质量的提升也可能是低技能偏向性的，这要取决于具体的经济环境。例如，根据阿西莫格鲁（2002b）的研究，在英国第一次工业革命时期，纺织机等新技术是低技能偏向的，而当时英国存在大量的低技能劳动，低技能劳动的市场规模效应大大促进了这些新技术的发展。通过比较当时英国和欧洲大陆国家的制度，英国当时的资本主义制度较欧洲大陆完善，例如，莫基尔（Mokyr, 2008）研究表明，当时英国拥有完善的产权保护和正式的政治制度为创新者和企业家提供了更好的商业环境和激励，从而导致了工业革命的发生。这表明，第一次工业革命时期，制度质量的提升是低技能偏向性的。而 20 世纪发生的信息技术革命是高技能偏向的（阿西莫格鲁，2002b），也就是说，20 世纪的制度质量的提升是高技能偏向性。

但目前研究制度质量对技能偏向性技术进步影响的文献较为缺乏，本书对此作了补充。为了对本书的研究奠定基础，本节对制度质量促进中性技术进步的文献进行综述。

早期的经济学家如马克思和熊彼特就论述了制度对于技术创新的影响，马克思论证了生产关系和生产力的辩证关系，熊彼特在《资本主义、社会主义与民主》一书中论述了资本主义制度下的技术创新过程（熊彼特，1999，中译本）。后期也有一些学者探讨了这一问题，但这些研究都比较零散，未能形成系统的理论。泰巴尔迪和艾尔姆斯（Tebaldi and Elmslie, 2008, 2013）较早地在产品多样化模型的基础上建立了一个数理模型研究制度对技术创新的影响机制，并利用跨国数据实证表明，市场导向型的制度、产权保护和富有效率的司法体系能够显著地促进技术创新。

已有制度与经济绩效方面的文献主要集中于研究制度对经济增长的影响。诺斯（North, 1990）从制度变迁的角度解释了不同制度背景下的经济增长绩效。La Porta 等（2008）研究了法律体系对经济增长的影响，认为普通法体系能够更好地执行合约和保护产权，因而能够更好地促进经济增长。阿西莫格鲁等（2002）研究表明，由于较为富裕的殖民地人口较多，殖民者不容易定居，所以他们更愿意在这些地区建立掠夺性制度。相反，在较为贫穷的殖民地，殖民者能够大量定居，因而更愿意保护产权。由于技术创新与经济增长密不可分，这些文献可以为研究制度对技术创新的影响提供参考，例如，泰巴尔迪和艾尔姆斯（2013）就在上述文献的基础上考察了法律体系和殖民地起源对技术创新的影响。

还有一些文献从制度的某一个维度如产权保护、所有权制度和金融制度等角度研究技术创新。赫尔普曼（1993）认为严格的产权保护会降低发展中国家的技术创新和技术扩散，而法尔维等（Falvey et al.，2006）和范，吉兰和余（Fan, Gillan and Yu，2013）研究表明，严格的产权保护能够显著地促进技术创新。施莱弗（Shleifer，1998）研究表明私有产权能够更好地促进技术创新，而国有产权可能会阻碍技术创新。黄和许（Huang and Xu，1999）和侯晓辉等研究表明良好的金融制度环境对技术创新有积极的影响。张中元和赵国庆（2012）将政府干预作为控制变量分析了其对制造业技术创新的影响。逯东等研究表明，政治关联会降低我国高技术企业的创新能力。虽然这些研究的角度多样，但不能反映整体制度质量对技术创新的影响，例如，赫尔普曼（1993）的研究就不能说明发展中国家坏的制度能够促进技术创新。

1.2.6 技能偏向性技术进步与技能溢价

本书主要研究技能偏向性技术进步与劳动力市场极化，但就目前的研究文献看，关于劳动力市场极化原因的理论直接延续并扩展了技能偏向性技术进步解释技能溢价的理论。因此，本节对技能偏向性技术进步与技能溢价理论的相关研究文献进行综述。

1.2.6.1 技能偏向性技术进步与技能溢价

技术进步对就业的影响在亚当·斯密时期就已有讨论（马宁，2004）：亚当·斯密和凯恩斯均认为技术进步能够惠及每一个人，提高总体劳动需求，而马克思则认为技术进步降低了对总体劳动的需求，即机器替代工人。就目前的经济事实来看，技术进步提高了对总劳动的需求，否则，工人的工资会下降，而失业率会持续上升（马宁，2004）。上述几位经济学家只考虑了技术进步对总劳动的影响，即只考虑了中性技术进步。实际上，从第一次工业革命开始，技术进步就对高低技能劳动产生了不同的影响。

20世纪80年代以来，发达国家普遍经历了技能溢价上升，技能偏向性技术进步被认为是技能溢价上升的主要因素（奥特尔、卡茨和克鲁格，1998；霍恩斯特恩、克鲁索和卫兰特（Hornstein，Krusell and Violante，2005）。奥特尔、卡茨和克鲁格（1998）认为，信息技术的大规模应用，提高了高技能劳动相对低技能的需求，从而导致技能溢价的上升。也就是说，信息技术是高技能偏向性的，或者说，信息技术与高技能劳动是互补的。阿西莫格鲁（1998，2002a）和凯莱（1999）将这一解释进行了形式化，我们可以通过式（1.1）推导出来。

技能溢价为高技能劳动和低技能劳动的边际产出比，而80年代以来的信息技术进步为高技能增强型技术进步。技能溢价为：

$$\omega = \frac{MP_H}{MP_L} = \lambda \left(\frac{A_H}{A_L} \right)^{\frac{\delta-1}{\delta}} \left(\frac{H}{L} \right)^{-\frac{1}{\delta}} \tag{1.3}$$

根据卡茨和墨菲（Katz and Murphy，1992）的研究，高技能劳动和低技能劳动是相互替代的，即替代弹性要大于1。所以根据式（1.3），信息技术的进步会提高技能溢价。具体而言，技能偏向性技术进步影响技能溢价的主要途径有以下两个方面。

1. 技能偏向性技术进步、企业组织和技能溢价

信息技术革命已经影响了企业组织形式和企业边界（霍恩斯特恩、克鲁索和卫兰特，2005）。米尔格罗姆和罗伯特（Milgrom and Roberts，1990）认为技术进步尤其是信息通信技术的进步降低了企业的决策成本，企业组织更加扁平化或去中心化。这使得企业的生产更加灵活，对市场需求的反应更加灵敏。而随着企业组织模式的灵活性的提高，对于高技能个人的需求也提高了，因而提高了技能溢价（霍恩斯特恩、克鲁索和卫兰特，2005）。

不过布鲁姆等（Bloom et al.，2011）发现信息技术和通信技术对企业组织的影响是不同的，信息技术促使企业决策下移（扁平化），而通信技术促使决策上移（集中化）。所以对企业组织变化的影响收入不平等的影响目前需要进一步研究。

另外，阿西莫格鲁（2002b）在已有研究文献的基础上分析了技能偏向性技术进步对高低技能劳动分离的影响，如果技能劳动和非技能劳动共同工作，非技能劳动会降低技能劳动的生产效率，技能偏向性技术进步会提高技能劳动的生产率，如果此时继续使用非技能劳动力，效率损失会更大，所以

技能偏向性技术进步倾向于将技能劳动和非技能劳动分开使用，并降低了对非技能劳动的需求，从而技能溢价提高。

2. 偏向性技术进步、劳动力市场制度和技能溢价

本小节主要介绍偏向性技术进步对工会的影响。阿西莫格鲁、阿吉翁和卫兰特（Acemoglu，Aghion and Violante，2001）认为技能偏向性技术进步是美国和英国去工会化的主要原因。工会总是倾向于缩小工会成员之间的工资差距，所以工会必须给予工会中高技能工人足够的补偿，只有这样高技能工人才不会退出工会。技能偏向性技术进步进一步提高了高技能工人的生产率，这不仅增加了高技能工人的外部选择的机会，也增加了工会联盟的脆弱性。虽然去工会化不是收入不平等的主要原因，但是它放大了技能偏向性技术进步对收入不平等的影响。对于这个观点，戈登（Gordon，2001）并不认同，既然偏向性技术进步是收入不平等的主要原因，为什么欧洲大陆的收入不平等没有上升？同时他认为去工会化最明显的原因是政治思潮的变化。阿西克茨和凯梅克（Açıkgöz and Kaymak，2011），丁勒斯和格林伍德（Dinlersoz and Greenwood，2012）构建了一个理论模型表明，高技能劳动力的异质性较强，成立工会成本较高，当偏向性技术进步提高技能个人的生产率后，加入工会的机会成本更高，去工会化程度上说，他们分别利用美国数据证实技能偏向性技术进步是美国去工会化的一个重要因素，因而也是收入不平等上升的重要因素。

1.2.6.2 国际贸易、技能偏向性技术进步与技能溢价

1. 赫克谢尔—俄林理论

赫克谢尔—俄林理论是较早能够分析收入分配的国际贸易理论。赫克谢尔—俄林理论认为发达国家拥有丰富的高技能劳动，而发展中国家拥有丰富低技能劳动，国际贸易将会提高发达国家高技能密集型产品的需求和发展中国家低技能密集型产品的需求，从而发达国家高技能劳动的相对工资上升（即技能溢价上升）。但是该理论不能充分解释发达国家技能溢价的上升，艾凡尼和甘斯（Epifani and Gancia，2008）、阿西莫格鲁（2002b）和伯斯坦和沃格尔（2012）等学者总结了如下五个赫克谢尔—俄林理论在解释技能溢价时存在的缺陷：第一，根据赫克谢尔—俄林理论，国际贸易将会降低发展中国家的技能溢价，但实际情况是，发展中国家也在同一时期经历了技能溢价的上升，所以赫克谢尔—俄林理论不能充分揭示发达国家技能溢价的上升；

第二，从发达国家的对外贸易额来看，南北贸易额占总贸易额的比例很小，还不足以解释发达国家大范围的技能溢价上升；第三，赫克谢尔—俄林理论预测，国际贸易提高了发达国家高技能产品的需求和价格，但发达国家这段时期高技能产品的价格并没有上升；第四，赫克谢尔—俄林理论预测，国际贸易只会使发达国家高技能密集型产业的高技能劳动的需求，但实际情况是，发达国家所有产业的技能溢价都提高了；第五，要素再配置更多地发生在产业内而非产业间，但赫克谢尔—俄林理论表明要素配置发生在产业间。

为了弥补赫克谢尔—俄林理论在解释技能溢价上的缺陷，已有文献分别从新贸易理论、新新贸易理论和技能偏向性技术进步理论的角度解释了国际贸易对技能溢价上升的影响。我们可以将赫克谢尔—俄林理论、新贸易理论、新新贸易理论作为国际贸易影响技能溢价的直接渠道，将国际贸易通过技能偏向性技术进步影响技能溢价作为间接渠道。

2. 新贸易理论

艾凡尼和甘斯（2008）为了弥补赫克谢尔—俄林理论的缺陷，构建了一个新贸易理论模型来解释发达国家技能溢价上升的机制：贸易开放扩大了产品部门的市场规模，由于高技能密集型产品部门更具有规模经济效应，高技能密集型部门产出增加的更多，且规模效应使得高技能密集型产品相对低技能密集型产品的价格下降更多，但是由于艾凡尼和甘斯（2008）假设高技能产品和低技能产品的替代弹性大于1，[①] 所以高技能产品价格的下降提高了高技能产品的相对需求，从而提高了高技能劳动的相对工资（技能溢价）。[②] 该文采用1960～1990年68个国家的跨国面板数据证实了理论推导的结果。该产业内贸易理论即弥补了赫克谢尔—俄林理论的缺陷，也能解释发达国家高技能产品价格下降和所有产业部门技能溢价上升的现象。

3. 新新贸易理论

哈里根和雷赫夫（Harrigan and Reshef，2011）构建了一个异质性企业的贸易模型，假设企业的技术存在异质性，且技术含量越高的企业，其技能劳动水平也越高，根据新新贸易理论，技术水平越高的企业出口竞争力越大，

[①]　本书在上文的文献综述中已说明高技能产品和低技能产品的替代弹性大于1是合理的。

[②]　与该理论相似的理论可参见结构变迁模型。在结构变迁模型中，两部门产品相对价格的变化可由要素禀赋、技术进步或消费需求的变化引起。相关文献见鲍莫尔（1967）；丹尼斯和伊斯坎（Dennis，Iscan，2009）；孔塞姆特、瑞毕洛和谢（2001）。

而低技术企业则会面临更大的进口竞争压力，所以贸易开放或贸易成本下降将提升高技术企业的贸易额和高技能劳动的相对需求，从而提高了技能溢价。哈里根和雷赫夫（2011）研究表明，由于该理论基于出口企业的生产率差异而非南北国家的劳动禀赋差异，所以能够同时解释发达国家和发展中国家技能溢价的同时上升。

阿吉翁、伯吉斯、雷丁和瑞理伯提（Aghion，Burgess，Redding and Zilibotti，2005）的研究也表明，处于技术前沿的企业面对进口竞争压力更加敏感，更有激励研发新技术和新产品的产出，这会提高对高技能劳动的需求和工资，从而提高了技能溢价，由于产业内的企业存在技术上的异质性，从而贸易开放也提高了产业内的技能溢价。该文进一步采用印度的数据证实了这一结论。由于这一理论推导并没有建立在要素禀赋差异的基础上，所以这一结论同时适用于发达国家和发展中国家。

伯斯坦和沃格尔（2012）在赫克谢尔—俄林模型的基础上，考虑了企业生产率异质性和技术—技能互补性。该模型研究发现，国际贸易通过赫克谢尔—俄林机制使技能劳动向比较优势的部门配置（即高技术部门），通过企业生产率异质性使技能劳动向高技术企业配置，但是技能劳动在产业间配置规模较不考虑企业异质性时少，而在产业内配置规模更高。所以，该理论显示，对于发达国家而言，国际贸易通过两种机制均促进了技能溢价的上升；对于发展中国家，国际贸易通过赫克谢尔—俄林机制降低了发展中国家的技能溢价，通过企业异质性机制提高了技能溢价，但由于企业生产率异质性的经济效应更大，所以发展中国家的技能溢价也是上升的。伯斯坦和沃格尔（2012）采用65个国家的数据模拟表明，在考虑了企业生产率异质性以后，国际贸易对发达国家和发展中国家技能溢价的解释力上升。

4. 技能偏向性技术进步理论

上文的文献介绍了国际贸易如何促进技能偏向性技术进步，根据技能偏向性技术进步的定义，技能偏向性技术进步将必然提高技能溢价。本节总结三个国际贸易通过技能偏向性技术进步影响技能溢价的经济渠道。

首先，阿西莫格鲁（2002a，2003）、甘斯和邦戈理（2008）等基于产权保护、价格效应和市场规模效应的分析。根据这一理论，由于发展中国家缺乏产权保护，南北贸易虽然使低技能劳动的相对供给上升，但由于市场规模

效应不变，使得相对稀缺的高技能劳动的价格效应占据主导地位，从而促进
了高技能偏向性技术进步，进而提高了技能溢价。相应地，由于发达国家拥
有良好的产权保护，发达国家间贸易将会提高高技能劳动的市场规模效应，
从而也会促进高技能偏向性技术进步，进而提高技能溢价。所以根据这一理
论，国际贸易将会提高发达国家的技能溢价。

其次，倪格和维德尔（2003）的防御性技能偏向性技术进步导致的技能
溢价上升。企业面对外国企业的竞争，通过不断地提高产品的技术水平保持
自身的竞争力，从而提高了对技能劳动的需求和技能劳动的相对工资。该机
制同新新贸易理论关于技能溢价的理论相似，都强调了竞争对技术进步的
影响。

最后，伯斯坦，克拉维诺和沃格尔（2013）和帕罗（2013）的进口资本
品促进技能偏向性技术进步促进技能溢价上升。

1.2.7　技能偏向性技术进步与劳动力市场极化

关于劳动力市场极化的原因，目前主要有两种解释。技能偏向性技术进
步和国际贸易。本节先介绍技能偏向性技术进步对劳动力市场极化的影响。
古斯、马宁和萨洛蒙斯（2009），奥特尔、兰维和墨南（2003）认为技能偏
向性技术进步替代了流程化的、可编码的工作，如制造业和零售业等行业的
工作，导致这些中等技能行业的就业和工资份额下降。加莫维奇和兆
（2012）研究发现，就业极化表现出周期性特征，经济下行时期技能偏向性
技术进步促进就业极化的现象更为集中，所以当经济复苏时，中等技能劳动
所从事的工作岗位并未随着经济的复苏而复苏。

马宁（2004）和马佐拉里和拉古萨（Mazzolari and Ragusa，2007）等认
为收入不平等上升是工作和工资极化的原因，即高技能劳动的收入上升提高
了对低技能劳动的需求。这个解释实际上同本书理论部分关于高技能劳动和
低技能劳动的互补性是一致的。奥纳（Oener，2006）利用 1979～1999 年德
国数据研究表明，信息技术的应用显著提高了对高技能劳动和低技能劳动的
需求，但降低了对中等技能劳动的需求，表明德国同美国和英国类似，信息
技术促进了劳动力市场极化。

在理论模型方面，阿西莫格鲁和奥特尔（2010）建立了一个基于工作

（task）的劳动力市场极化模型，该模型首先假设有三种技能的劳动：高技能劳动、中等技能劳动和低技能劳动，分别从事高、中、低技能工作，但是高技能偏向性技术进步（如中等技能行业引入信息技术）降低了中等技能行业对中等技能劳动的需求，提高了对高技能劳动的需求。该文进一步表明，失去工作的中等技能劳动转向从事高技能工作和低技能工作，但由于高技能工作所需的技能水平更高，所以中等技能劳动更多地转向从事低技能工作，由此导致劳动力市场极化（工资极化的原理同此类似）。该文还采用1959～2008年美国劳动力市场数据实证这一假说，当然，这个实证研究还比较初步。

更为详细的经验实证有：奥特尔和多恩（2012）从技能偏向性技术进步的角度分析了美国的劳动力市场极化。他们以人均计算机拥有率作为技能偏向性技术进步的指标，分析表明，人均计算机拥有率上升降低了中等技能劳动的就业份额，以外包可能性指数作为外包指标，外包也促进了劳动力市场极化。欧盟国家还没有出现工资极化，但出现了就业和劳动报酬份额的极化，迈克尔斯等（Michaels et al.，2010）利用美国、日本和9个欧洲国家1980～2004年数据研究表明，技能偏向性技术进步是劳动力市场极化的主要影响因素，能够解释高技能劳动需求上升的1/4，而国际贸易在控制了技能偏向性技术进步后对劳动力市场极化的影响不显著。古斯、马宁和萨洛蒙斯（2009）利用欧盟1993～2006年的数据研究表明，技能偏向性技术进步（信息技术）是劳动力市场极化最为重要的因素，劳动力市场制度和外包对劳动力市场极化的影响较小。

森莱本和维兰特（Senftleben and Wielandt，2012）采用同奥特尔和多恩（2012）类似的方法研究了1979～2007年德国劳动力市场极化。研究表明信息技术降低了中等技能劳动需求，提高了对高技能劳动和低技能劳动的需求，而且对于初始专业化于中等技能工作的地区（中等技能劳动就业密度大的地区），这种效应更加明显。该文的进一步研究表明，相比美国，由于德国的劳动力市场缺乏灵活性，而且失业救济体系较为完善，导致技能偏向性技术进步对德国劳动力市场极化效应小于美国，从而导致中等技能工作密集的地区失业率较高。

查尔斯、赫斯特和诺托维（Charles, Hurst and Notowidigdo, 2013）研究了2000年以来美国制造业萎缩、房地产业上升对就业的影响。研究表明，制造业萎缩显著增加了美国的非雇佣人数（non-employment）[①]，并降低了工人的工资，而房地产业的兴起增加了对建筑业的需求，因而提高了雇佣人数（主要为建筑业），但是 2007 年金融危机后，制造业和房地产业同时萎缩，从而增加了非雇佣人数。该文的进一步研究表明，制造业萎缩能够解释 2000～2011 年非雇佣人数上升的 40%，尤其增加了大学学历以下人群的非雇佣人数，而房地产业兴起一定程度上抵消了制造业对雇佣人数的负面影响。由于制造业是中等技能行业，因而制造业萎缩降低了对中等技能劳动的需求，而房地产所提升的建筑业工人多为低技能工人，所以查尔斯、赫斯特和诺托维（2013）的研究进一步佐证了美国的劳动力市场极化。

班得瑞、格林和萨德（Beaudry，Green and Sand，2013）研究了 2000 年以来高、中、低技能劳动需求的转变，发现美国劳动力市场对高技能劳动的相对需求下降，而对低技能劳动的相对需求上升，甚至由于高技能劳动转而从事低技能劳动，原有的低技能劳动开始退出劳动力市场。该文建立了一个技能偏向性技术进步模型解释这一趋势，2000 年以前，信息技术革命处于扩张期，信息技术的投资提高了对高技能劳动的需求，但是 2000 年以后，由于信息技术的普及使得信息技术处于成熟期，信息技术的投资趋稳饱和，从而降低了对高技能劳动的需求，而技能偏向性技术进步也降低了对中等技能劳动的需求。但是，该文并未进行计量实证检验，仅给出了数据的描述，因此，该文模型的解释需要进一步验证。

1.2.8　国际贸易、技能偏向性技术进步与劳动力市场极化

国际贸易是发达国家劳动力市场就业和收入变化的重要影响因素（阿西莫格鲁，2002b）。一方面，根据赫克谢尔—俄林贸易理论，由于发达国家技能劳动相对丰裕，南北贸易将提高发达国家的技能溢价。另一方面，南北贸易会导致发达国家的技能偏向性技术进步，进而提高发达国家的技能溢价（布鲁姆、德拉卡和范瑞尼，2011）。20 世纪 80 年代以后，欧美国家开始出现劳动力市场极化现象。但分析国际贸易对劳动力市场极化的文献还较少，已有文献主要分析了南北贸易与劳动力市场极化间的关系。迈克尔斯等（Mi-

---

[①] 非雇佣人员（non-employment）并非失业人员或退出劳动力市场的劳动年龄人口，而是区别于正规雇佣的其他就业人员，如临时雇员、兼职雇员和自由职业者等就业人员。

chaels 等，2010）利用 OECD 国家的经验数据研究表明，在控制技能偏向性技术进步的影响后，南北贸易对发达国家劳动力市场极化的直接影响较弱，而南北贸易主要通过技能偏向性技术进步影响劳动力市场极化。奥特尔、多恩和汉森（2012）研究表明，中国对美出口显著地降低了美国制造业的就业和工资，能够解释制造业就业下降的 25%。布鲁姆、德拉卡和范瑞尼（2011）研究中国对欧盟出口的就业影响，也得到类似的结论。基于此，本书还专门研究了中国进出口对欧美劳动力市场极化的影响。

根据赫克谢尔—俄林贸易理论，南北贸易将提高发达国家高技能劳动的相对工资，由于高技能劳动的收入较高，提高了低技能劳动的需求，从而导致了劳动力市场的极化。① 不过这方面解释的实证文献较少，故本书在第九章中比较分析了南北贸易对劳动力市场极化的直接和间接（即通过技能偏向性技术进步）影响渠道的大小。

现有文献还从外包的角度研究外包、技能偏向性技术进步和劳动力市场极化间的关系。布林德（Blinder，2007）和奥登斯基（Oldenski，2012）等认为，中等技能的工作更容易被外包，因此，外包促进了发达国家中等技能就业和工资份额的下降。外包对劳动力市场极化的影响有两种渠道。第一，外包将发达国家中等技能劳动从事的工作（如制造业）转移到国外，从而直接减少了对发达国家中等技能劳动的需求。阿西莫格鲁和奥特尔（2010）研究表明，当中等技能劳动从事的工作被外包到国外后，中等技能劳动会向低技能和高技能行业流动。但由于高技能行业要求的技能水平较高，所以中等技能劳动向低技能行业流入的劳动更多。外包也将提升高技能劳动和低技能劳动的相对工资，而高技能劳动与低技能劳动的相对工资变动则取决于中等技能劳动对低技能劳动和高技能劳动的替代性。奥登斯基（2012）利用 2002~2008 年美国的职业数据证实了这一理论。但奥特尔和多恩（2012）的研究表明，外包对劳动力市场极化影响不显著。第二，外包通过影响技能偏向性技术进步间接影响劳动力市场极化。奥塔维亚诺，佩里和赖特（Ottaviano，Peri and Wright，2013）和克勒格尔（2013）介绍了外包的生产率效应，即外包会提高外包企业的生产率，进而进一步提高了对高技能劳动的需求。

---

① 关于高技能劳动收入上升从而提高低技能劳动需求的文献见马宁（2004）和马佐拉里和拉古萨（2007）及阿西莫格鲁和奥特尔（2010）。

　　奥塔维亚诺，佩里和赖特（2013）利用2000～2007年劳动力市场数据研究了外包和移民对美国就业的影响，研究表明，外包显著地降低了对中等技能劳动的需求，而且由于外包提高了企业的生产率和企业规模进而提高了对高技能劳动的需求。该文进一步研究表明，本土工人主要从事高技能工作，移民主要从事低技能工作，外包降低了对中等技能工人的需求，使得这些外包工人转而从事高技能工作中相对简单的工作或低技能工作中相对复杂的工作，从而促进了劳动力市场的极化。

　　克勒格尔（2013）研究发现，20世纪70年代中期～80年代中期，中等技能劳动和低技能劳动的工资差距在扩大，此后两者的工资差距开始缩小，而中等技能劳动和高技能劳动的工资差距始终在上升。该文利用美国1990年、2000年和2011年128个制造业和服务业数据实证研究表明，服务业外包（service offshore）和制造业外包（material offshore）均使高技能劳动与中等技能劳动的工资差距上升，但制造业外包的影响更大，外包对中低技能劳动的工资差距影响不是很显著。对于外包影响工资差距的机制，该文的检验表明，选择效应是工资差距扩大的主要原因，即外包替代了中等技能劳动使中等技能劳动的工资下降，而生产率效应对工资差距的影响不显著（外包降低了生产成本并提高了生产率，从而提高了高技能劳动的需求）。

1.3　研究思路

　　本书的研究思路是，首先，建立内生技能偏向性技术进步模型，分析封闭经济条件下劳动禀赋结构对技能偏向性技术进步的影响，说明技能偏向性技术进步的内生变迁机制，并分析技能偏向性技术进步对劳动力市场极化的影响。其次，将模型进行拓展，分析国际贸易对技能偏向性技术进步进而劳动力市场极化的影响，而且由于发达国家和发展中国家在劳动禀赋结构和技术水平方面的差异，本书进一步将国际贸易分为南北贸易和发达国家间贸易分析其对技能偏向性技术进步和劳动力市场极化的影响。

　　阿吉翁、阿克希特和霍伊特（2013）以及泰巴尔迪和艾尔姆斯（2008）等研究表明，制度质量如完善的产权保护、良好的商业环境和政治制度有利于前沿技术的研发和应用。而戈登和卡茨（2007）研究表明，20世纪以来前沿技术进步同技能劳动是互补的，即前沿技术表现出技能偏向性的。所以，制度作为经济增长的基础性因素，不仅直接影响技能偏向性技术进步，还为劳动禀赋结构和国际贸易影响技能偏向性技术进步提供制度激励。因此，本书还研究了制度质量对技能偏向性技术进步的影响。本书的研究框架如图1.4所示。

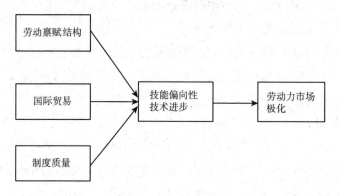

图1.4 本书研究框架

在理论模型分析的基础上，本书利用欧美国家的经验数据进行实证检验。首先，实证检验了劳动禀赋结构、国际贸易和制度质量对技能偏向性技术进步的影响；其次，实证检验了技能偏向性技术进步对劳动力市场极化的影响；最后，因为国际贸易即通过技能偏向性技术进步影响劳动力市场极化，又通过贸易渠道直接影响劳动力市场极化，因此，本书还实证检验国际贸易对劳动力市场极化的影响，并同技能偏向性技术进步的影响做了比较。

1.4　研究方法

在理论模型的研究方法上，本书延续了罗默（1990）和阿吉翁和霍伊特（1992）的内生技术进步模型以及阿西莫格鲁（1998，2002a）的内生偏向性技术进步模型。该模型以产品多样化或质量阶梯表示技术进步，假设最终品市场为完全竞争市场，中间品市场为垄断市场，技术市场为完全竞争市场。中间品厂商对于利润的追求决定了技术创新规模。内生偏向性技术进步模型在原内生技术进步模型的基础上，将中间品分为高技能中间品和低技能中间品，因此，企业创新高技能产品或低技能产品取决于两者的利润大小。本书在阿西莫格鲁（1998，2002a）的基础上，根据解释劳动力市场极化的需求，将劳动进一步分为高技能劳动、中等技能劳动和低技能劳动，即最终品由高技能产品、中等技能产品和低技能产品生产，并假设高技能劳动与中等技能劳动相互替代，与低技能劳动互补，建立了三要素模型。

在实证分析中，本书数据主要采用了欧美发达国家1970～2007年劳动力市场和信息资本的面板数据。在计量工具使用方面，考虑到计量模型的内生性问题，本书主要采用了两阶段最小二乘法（2SLS）。内生性问题主要来源于三个方面：解释变量与误差项相关、解释变量与被解释变量互为因果关系以及测量误差。在本书的计量模型中，如第5章和第6章，解释变量高技能劳动的相对供给和进出口同被解释变量技能偏向性技术进步之间存在互为因果关系；第6章中进出口与误差项可能存在的相关性；第7章中制度的测量误差等。本书采用工具变量法处理内生性问题，工具变量的选取原则是与内生变量相关且是外生的。

1.5　本书结构安排

根据研究思路，本书的结构安排如下：第1章为导论，介绍本书的写作背景、写作思路以及文献综述。第2章和第3章构建了一个理论模型，分析封闭经济条件和开放经济条件下劳动禀赋结构以及国际贸易对技能偏向性技术进步的影响。第4章构建了理论模型分析制度质量对技能偏向性技术进步的影响。第5章利用欧美国家的数据实证研究了封闭经济条件下劳动禀赋结构对技能偏向性技术进步的影响。第6章利用欧美国家数据实证研究了南北贸易对技能偏向性技术进步的影响，并特别研究了中国向欧美国家进出口对技能偏向性技术进步的影响。第7章实证研究了制度质量对欧美国家技能偏向性技术进步的影响。由于中国正处于制度转型期，本章进一步利用中国的数据研究了制度质量对中国产业技术进步的影响，以进一步验证制度质量对技能偏向性技术进步的影响。第8章实证研究了欧美国家技能偏向性技术进步对劳动力市场极化的影响。第9章研究了国际贸易及国际贸易如何通过技能偏向性技术进步对劳动力市场产生影响。第10章为本书的结论。

1.6 本书的创新点和不足

本书的创新性体现在以下几个方面。第一，建立了包含高技能、中等技能和低技能劳动的三要素模型，分析了劳动禀赋结构变动对技能偏向性技术进步的影响。此前的文献为两要素模型，不能用来分析劳动力市场极化。第二，通过扩展三要素模型，分析了国际贸易对技能偏向性技术进步的影响。第三，本文分析了制度质量对偏向性技术进步的影响，研究表明制度质量对更高技术水平产业的技术进步影响更大。第四，本书对上述理论模型进行了实证检验，由于实证检验偏向性技术进步的文献较少，本书的研究是对这一领域文献的补存。第五，本书较早地实证研究了南北贸易尤其是中国和发达国家贸易对发达国家劳动力市场极化的影响。第六，目前国内的文献大都从高、低技能的角度研究收入不平等，本书从高、中、低技能劳动的角度研究收入不平等，为研究中国的就业极化以及收入不平等提供了借鉴。①

本书的不足之处，首先，近年来发达国家外包规模越来越大，其对发达国家劳动力市场的影响比较显著。本书并没有将外包如何通过技能偏向性技术进步影响劳动力市场极化模型化，只在实证研究中进行了分析。其次，近年来中国的劳动力就业也出现了就业极化的现象，但是由于符合本书计量要求的各行业衡量技能偏向性技术进步指标和劳动力市场数据的缺乏，未能对中国的情况进行实证分析。

---

① 本书第5章表明，我国劳动力市场出现了就业极化的现象，即制造业的就业份额下降较多。

第一部分
理论模型

本书的理论模型部分包括第2章、第3章和第4章，分别研究劳动禀赋结构、国际贸易和制度质量对技能偏向性技术进步的影响机制。

第 2 章

劳动禀赋结构与技能
偏向性技术进步

2.1 模型设定

阿西莫格鲁（1998，2002a）建立了包含高、低技能劳动的内生偏向性技术进步模型，阿西莫格鲁和奥特尔（2010）和奥特尔和多恩（2012）建立了包含高、中、低技能劳动的理论模型，分析了外生偏向性技术进步对劳动力市场极化的影响。本书为了分析劳动力市场极化背景下劳动禀赋结构对高、中、低技能偏向性技术进步的影响，拓展了阿西莫格鲁（1998，2002a）的模型，并借鉴阿西莫格鲁和奥特尔（2010）和奥特尔和多恩（2012）建立了三要素模型。

我们假设经济中有三种生产要素：手工劳动（manual labor，L_M）、规范化劳动（routine labor，L_R）和抽象劳动（abstract labor，L_H），分别由低技能劳动力、中等技能劳动力和高技能劳动力供给。劳动力的供给缺乏弹性。经济中有两个部门：产品部门 Y_I 和服务业部门 Y_M，其中产品部门由中等技能产品 Y_R 和高技能产品生产 Y_H。本书假设技术进步体现为质量改进，质量越高，技术水平越高。我们假设最终产品市场、产品市场和服务品市场为完全竞争市场。技术市场可以自由进出，但技术厂商一旦新发明的更高质量的产品，就对其拥有垄断地位。产品和服务的生产函数分别采用如下设定形式：

$$Y = \left[\lambda Y_I^{\frac{\varepsilon-1}{\varepsilon}} + (1-\lambda) Y_M^{\frac{\varepsilon-1}{\varepsilon}} \right]^{\frac{\varepsilon}{\varepsilon-1}}$$

$$Y_I = \left[\gamma Y_R^{\frac{\beta-1}{\beta}} + (1-\gamma) Y_H^{\frac{\beta-1}{\beta}} \right]^{\frac{\beta}{\beta-1}}, \qquad (2.1)$$

$$\text{e. t.} \quad Y_i = \frac{1}{1-\sigma} \int_0^1 A_i^\sigma(j) x_i(j)^{1-\sigma} dj L_i^\sigma, i = H, R, M$$

其中，$\lambda, \gamma \in (0,1)$ 为生产要素的相对重要性。$x_i(j)$ 表示第 j 种中间产品 x_i，$A_i(j)$ 表示第 j 种中间产品 x_i 的质量，其他标识的意义类似。$\beta \in (0, +\infty)$ 为高技能产品和中等技能产品的替代弹性，$\beta > 1$，表示产品间存在替代关系；$\beta < 1$ 表示产品间存在互补关系。当中等技能劳动力和高技能劳动力之间存在替代关系大于 1 时，中等技能产品和高技能产品也存在替代关系（阿西莫格鲁，2002a）。根据我们的研究目的和已有研究经验（卡茨和墨菲，1992；赫克曼，洛克纳和泰伯，1998），假设 $\beta > 1$。$\sigma \in (0,1)$ 为科布道格拉斯生产函数的要素产出弹性。ε 为低技能产品与高技能产品（或中等技能产品）的替代弹性。阿西莫格鲁和奥特尔（2010）和奥特尔和多恩（2012）均假设高技能工作和低技能工作的互补性要强于中等技能工作，因此，低技能产品与高技能产品（或中等技能产品）至少存在弱的互补性。

由工业品和服务品产生最终产品 Y 用于消费 C、投资 I 和研发 R。效用函数为：

$$U = \int_0^\infty e^{-\rho t} \frac{C(t)^{1-\theta} - 1}{1-\theta} dt$$

$$\text{s. t.} \quad C + I + R \leqslant Y \qquad (2.2)$$

2.2 均衡分析

我们设定产品部门和服务部门的价格为 p_I，p_R，p_H 和 p_M，最终品价格为 p。中间品 x_R，x_H，x_M 的价格分别为 χ_R，χ_H，χ_M。低技能劳动力、中等技能劳动力和高技能劳动力的工资为 w_M、w_R 和 w_H。

2.2.1 产品市场均衡

根据阿西莫格鲁（2002a），将最终产品的价格标准化为 1。竞争性条件下，产品的价格等于其边际产品，所以有：

$$P = \left[\lambda^{\varepsilon} p_I^{1-\varepsilon} + (1-\lambda)^{\varepsilon} p_M^{1-\varepsilon} \right]^{\frac{1}{1-\varepsilon}} \equiv 1, \quad p_I = \left[\gamma^{\beta} p_R^{1-\beta} + (1-\gamma)^{\beta} p_H^{1-\beta} \right]^{\frac{1}{1-\beta}}$$

$$p_I = \lambda \left(\frac{Y_I}{Y} \right)^{-\frac{1}{\varepsilon}}, \quad p_M = (1-\lambda) \left(\frac{Y_M}{Y} \right)^{-\frac{1}{\varepsilon}}$$

$$\frac{p_R}{p_I} = \gamma \left(\frac{Y_R}{Y_I} \right)^{-\frac{1}{\beta}}, \quad \frac{p_H}{p_I} = (1-\gamma) \left(\frac{Y_H}{Y_I} \right)^{-\frac{1}{\beta}} \tag{2.3}$$

产品部门和服务部门的利润最大化问题分别为:

$$\max_{L_R, L_H, x_R, x_H} p_I Y_I - w_R L_R - w_H L_H - \int_0^1 \chi_R(j) x_R(j) dj - \int_0^1 \chi_H(j) x_H(j) dj$$

$$\max_{L_M, x_M} p_M Y_M - w_M L_M - \int_0^1 \chi_M(j) x_M(j) dj \tag{2.4}$$

对式(2.4)取一阶导数,并利用式(2.1)和式(2.3),我们可以得到中间品的需求量和工资。

$$x_i(j) = \left(\frac{p_i}{\chi_i(j)} \right)^{\frac{1}{\sigma}} A_i(j) L_i, \quad i = H, R, M \tag{2.5}$$

式(2.5)表明,产品价格 p_i 上升将会提高对中间品的需求,中间品价格 $\chi_R(j)$,$\chi_H(j)$,$\chi_M(j)$ 上升会降低对中间品的需求。劳动雇佣水平的上升也会提高对中间品的需求,因为有更多的工人要使用中间品(阿西莫格鲁,2002a)。我们的得到结论符合经济学直觉,这里不再赘述。式(2.6)为劳动工资,我们会在下面做进一步分析。

$$w_i = p_i \frac{\sigma}{1-\sigma} \int_0^1 (A_i(j))^{\sigma} x_i(j)^{1-\sigma} dj L_i^{\sigma-1}, \quad i = H, R, M \tag{2.6}$$

2.2.2 技术市场均衡

我们假设技术厂商即从事中间品的研发,还从事中间品的生产。先分析中间品的生产。为了简化分析,我们假设企业生产三类中间产品的边际成本 ϕ 相同。所以研发厂商生产中间产品利润最大化问题表述如下:

$$\max_{\chi_i(j)} (\chi_i(j) - \phi) x_i(j), \quad i = H, R, M$$

从而我们可以计算得到研发厂商的定价策略:

$$\chi_i(j) = \frac{\phi}{1 - \sigma} \tag{2.7}$$

式 (2.7) 可知，三类中间产品的定价相同。为了方便分析，借鉴阿西莫格鲁 (2002a)，我们假设 $\phi = 1 - \sigma$，从而中间产品的价格为 1。根据式 (2.5) 和式 (2.7)，我们可以得到技术厂商生产中间品的利润表达式：

$$\pi_i(j) = \sigma p_i^{\frac{1}{\sigma}} A_i(j) L_i \tag{2.8}$$

我们从式 (2.8) 可知，产品和服务的价格越高，劳动雇佣水平越高，技术厂商生产中间品的利润也越高。企业不仅关注其即期利润，更加关注中间品市场价值的最大化，并且根据市场价值的大小确定研发哪个部门的中间品，如高技能中间品、中等技能中间品或低技能中间品。设定技术厂商生产中间品 $x_i(j)$ 的市场价值为 $V_i(j)$，该市场价值随时间的变化为 $\dot{V}_i(j)$，市场利率为 r，新中间品研发投入和成功概率分别为 $R_i(j)$、$\xi_i(R(j))$，$A_i(j)$ 为研发的边际成本（这意味着随着技术的提升，研发难度越来越大），则技术厂商的无套利条件为：

$$rV_i(j) - \dot{V}_i(j) + \xi(R(j))V_i(j) = \pi_i \tag{2.9}$$

当经济达到平衡增长路径时，$\dot{V}_i(j) = 0$，所以有 $V_i(j) = \frac{\pi_i(j)}{r + \xi(R(j))}$。

根据研发市场的自由进出条件：

$$\xi(\mathscr{R}_i(j))V_i(j) - A_i(j) = 0 \tag{2.10}$$

假设每一次成功的创新使质量提升 τ，则 $(\tau - 1)\xi(R_i(j))$ 就是 i 部门中间品 j 技术进步率，在平衡增长路径下，三部门的技术进步率相同，即 $R_i(j) = R^*$。利用式 (2.9) 和研发市场出清条件，我们可以得到相对市场价值[①]：

$$\frac{V_H}{V_R} = \frac{L_H}{L_R}\left(\frac{P_H}{p_R}\right)^{\frac{1}{\sigma}} = 1, \frac{V_H}{V_M} = \frac{L_H}{L_M}\left(\frac{p_H}{p_M}\right)^{\frac{1}{\sigma}} = 1 \tag{2.11}$$

[①] 式 (2.10) 和式 (2.11) 还表明，平衡增长路径下，各部门每个中间产品 j 的相对技术进步和相对市场价值是相同的，如 $A_H(j)/A_R(j) = A_H/A_R$，$V_H(j)/V_M(j) = V_H/V_M$。该结论下面会用到。

式 (2.11) 表明，如果相对供给 $\dfrac{L_H}{L_M}$ 上升，将会导致相对价格 $\dfrac{p_H}{p_M}$ 下降，这是由相对产出 $\dfrac{Y_H}{Y_M}$ 增加所致如式 (2.3) 所示。

2.2.3　技术进步的方向

本节分析产品价格变化和要素供给变化对偏向性技术进步方向的影响[①]，进而考察这种偏向性技术进步对工资的影响，从而为下面考察国际贸易对偏向性技术进步的影响奠定理论基础。本节的另一个考察重点是，如果产品部门发生高技能增强型技术进步，中等技能劳动力和低技能劳动的相对工资会如何变化，是否能够解释工资两极化现象。

式 (2.8) 表明，高技能劳动的相对供给 $\dfrac{L_H}{L_R}$ 或 $\dfrac{L_H}{L_M}$ 越大，使用高技能中间品的工人越多，那么生产高技能中间品利润也越大，因而会促进高技能增强型技术进步，阿西莫格鲁 (2002a) 称此为市场规模效应。高技能产品的相对价格 $\dfrac{p_H}{p_R}$ 或 $\dfrac{p_H}{p_M}$ 越高，生产中间产品的利润越大，也会促进了高技能增强型技术进步，此为价格效应。但式 (2.11) 表明，相对劳动供给引发的市场规模效应与其诱发的诱致性价格效应对技术进步的影响方向恰好相反。下面我们推导市场规模效应或价格效应占主导地位的条件。

根据式 (2.1) 和式 (2.5)，可以得到三部门的生产函数：

$$Y_i = \frac{1}{1-\sigma} p_i^{\frac{1-\sigma}{\sigma}} L_i \int_0^1 (A_i(j)) dj, i = M, R, H \tag{2.12}$$

再利用式 (2.3) 和式 (2.12)，我们可以得到相对价格：

$$\frac{p_H}{p_R} = \left(\frac{1-\gamma}{\gamma}\right)^{\frac{\sigma\beta}{\eta}} \left(\frac{L_H}{L_R}\right)^{-\frac{\sigma}{\eta}} \left(\frac{A_H}{A_R}\right)^{-\frac{\sigma}{\eta}} \tag{2.13a}$$

$$\frac{p_H}{p_M} = \left(\frac{\lambda(1-\gamma)}{1-\gamma}\right)^{\frac{\varepsilon\sigma}{\varepsilon\sigma+1-\sigma}} \left(\frac{L_H}{L_M}\right)^{-\frac{\sigma}{\varepsilon\sigma+1-\sigma}} \left(\frac{A_H}{A_M}\right)^{-\frac{\sigma}{\varepsilon\sigma+1-\sigma}}$$

---

① 阿西莫格鲁 (1998，2002) 将具有方向的技术进步称为方向性技术进步 (directed technical change)，因此，本节在分析时也称为技术进步的方向 (direction of technical change)。

$$\times \left[\gamma \left(\frac{1-\gamma}{\gamma} \right)^{\frac{\eta-\beta}{\eta}} \left(\frac{L_H}{L_R} \right)^{\frac{1-\eta}{\eta}} \left(\frac{A_H}{A_R} \right)^{\frac{\sigma(1-\beta)}{\eta}} + (1-\gamma) \right]^{\frac{(\varepsilon-\beta)\sigma}{(\beta-1)(\varepsilon\sigma+1-\sigma)}}$$

$$(2.13b)$$

将式（2.13）代入式（2.11），可得相对技术水平：

$$\frac{A_H}{A_R} = \left(\frac{1-\gamma}{\gamma} \right)^{\beta} \left(\frac{L_H}{L_R} \right)^{\eta-1} \qquad (2.14a)$$

$$\frac{A_H}{A_M} = \left(\frac{\lambda(1-\gamma)}{1-\gamma} \right)^{\varepsilon} \left(\frac{L_H}{L_M} \right)^{\sigma(\varepsilon-1)} \left[\gamma^{\beta}(1-\gamma)^{1-\beta} \left(\frac{L_H}{L_R} \right)^{1-\eta} + (1-\gamma) \right]^{\frac{(\varepsilon-\beta)}{(\beta-1)}}$$

$$(2.14b)$$

其中，$\eta = \sigma\beta - \sigma + 1$ 为高技能劳动和中等技能劳动替代弹性（阿西莫格鲁，2002a）。式（2.13a）为阿西莫格鲁（2002a）两要素模型得到的相对技术水平，该式表明，当 $\eta > 1$ 时，市场规模效应占优势，高技能劳动相对供给增加的市场规模效应大于价格效应，这时将产生高技能增强型技术进步。当 $\eta < 1$ 时，如果高技能劳动的相对供给增加，市场规模效应小于由于价格下降引发的价格效应，因而会产生中等技能增强型技术进步。

式（2.13b）表明，当产品和服务为互补关系（$\varepsilon < 1$）且高中技能劳动力存在替代关系（$\eta > 1$）时，高技能劳动供给上升对相对技术水平 A_H/A_M 的影响并不直观。对式（2.13b）求 L_H 的偏导数后发现，当 $L_H/L_R < \gamma^{\beta}(1-\gamma)^{-\beta}((1-\beta)/(\varepsilon-1))^{1/(\eta-1)} = \alpha^*$ 时，高技能劳动供给上升会提升高技能增强型技术进步，此时市场规模效应占优势。超过这个临界值后，价格效应占优势，高技能劳动供给增加将促进低技能增强型技术进步。出现这种倒 U 型关系的原因就在于产品和服务存在互补关系，不仅高技能劳动供给上升的价格效应抑制了高技能增强型技术进步，而且高技能产品部门生产率的提高增加了对服务的需求，使服务品价格上升，这进一步降低了高技能产品的相对价格 p_H/p_M（该效应称为诱致性效应，与此相关的技术进步成为诱致性技术进步）。价格效应和诱致性效应叠加使相对技术水平 A_H/A_M 在临界点后下降。

当 $\varepsilon > 1$ 时，L_H/L_M 上升将促进高技能增强型技术进步。如果 $\varepsilon < \beta$[①]，

[①] 奥特尔和多恩（2012）的分析表明 $\varepsilon < \beta$。

L_H/L_R 上升将促进高技能增强型技术进步，否则，L_H/L_R 上升将促进低技能增强型技术进步。当 $\varepsilon < 1$ 时，L_H/L_M 上升将促进低技能增强型技术进步，L_H/L_R 上升将促进高技能增强型技术进步。但需要注意的是，当替代弹性 $\varepsilon < 1$ 时，低技能增强型技术进步将提高对高技能劳动的相对需求，即此时的低技能增强型技术进步为高技能偏向性的技术进步。所以，如式（2.13b），如果 L_H/L_R 的上升幅度远高于 L_H/L_M，将促进高技能增强型技术进步，但会提高对低技能劳动的相对需求，因而会进一步降低 L_H/L_M。如此一来，劳动力市场就会出现就业极化的现象。

低技能劳动相对中等技能劳动密集型部门的相对技术水平可由式（2.14a）和式（2.14b）推出，也可根据推导式（2.14b）相同的原理推出。分析原理同式（2.14a）类似，而且由式（2.14a）和式（2.14b）两式即可得出低技能劳动相对中等技能劳动密集型部门的技术水平走势，这里不再详述。

2.2.4　工资两极化与工作两极化

将式（2.5）、式（2.11）和式（2.14）代入式（2.6），可以得到技能溢价：

$$\frac{w_H}{w_R} = \left(\frac{1-\gamma}{\gamma}\right)^{\beta} \left(\frac{L_H}{L_R}\right)^{\eta-2} \tag{2.15a}$$

$$\frac{w_H}{w_M} = \left(\frac{\lambda(1-\gamma)}{1-\lambda}\right)^{\varepsilon} \left(\frac{L_H}{L_M}\right)^{\varepsilon\sigma-\sigma-1} \left[\gamma^{\beta}(1-\gamma)^{1-\beta}\left(\frac{L_H}{L_R}\right)^{1-\eta} + (1-\gamma)\right]^{\frac{(\varepsilon-\beta)}{(\beta-1)}} \tag{2.15b}$$

其中，当高技能劳动和中等技能劳动的替代弹性 $\eta > 2$ 时，高技能劳动的相对供给 L_H/L_R 上升将会提升高技能劳动的相对工资 w_H/w_R[①]，市场规模效应占主导地位。此时，高技能增强型技术进步 A_H 是高技能偏向的，即高技能偏向性技术进步。相反，当 $\eta < 2$ 时，价格效应占主导地位，高技能劳动的相对工资下降。此时高技能增强型技术进步 A_H 也称为低技能偏向性技术

---

① $\eta > 2$ 是本书模型设定的结果，更准确的经济学含义是：当高技能和中等技能劳动的替代弹性足够大时，高技能劳动的相对工资会上升。此时，市场规模效应占据主导地位。

进步。

式（2.15b）同式（2.14b）的分析逻辑类似。当 $\eta > 2$ 时，在临界点以内 $L_H/L_R \in (0, \alpha^*)$，高技能劳动供给增加同时提高了高技能产品部门和服务部门的工资水平（相对于中等技能部门的工资），但前者的提升幅度要大于后者。此时，高技能增强型技术进步偏向高技能劳动，即高技能偏向性技术进步。如果高技能劳动供给继续增加并超越临界点后，高技能产品部门的工资提升幅度会小于低技能部门工资的上升幅度。此时，高技能增强型技术进步偏向低技能劳动，即低技能偏向性技术进步。20 世纪 90年代以来，欧美劳动力市场高技能工作和低技能工作份额上升速度要快于中等技能工作份额，尤其是 2000 年以后，低技能工作份额上升较快（阿西莫格鲁和奥特尔，2010）。根据式（2.14），这将进一步导致高低技能劳动的生产率上升，中等技能劳动力生产率下降，从而对工资分布产生两极化影响。因而本节所的结论同美国战后劳动力市场高、中和低技能劳动工资的演化路径相吻合。

随着相对工资的变化，劳动力会向工资较高的部门转移。当高技能劳动的相对工资上升时，劳动力会向高技能部门转移。当相对供给 L_H/L_R 超越临界点 α^* 以后，低技能劳动的相对工资上升，更多的劳动力会向低技能部门转移。也就是说，当高技能产品的发展超越临界点以后，工作和工资两极化现象就会发生，这和美国劳动力市场的发展历程相符。奥特尔和多恩（2012）研究表明，当资本和高技能劳动互补以及资本和中等技能劳动的替代弹性大于商品和服务的替代弹性时，工资和工作两极化的现象就会发生，与本书的结论类似。外生技能偏向性技术进步对劳动力市场极化影响的推导及说明见附录5。

对式（2.14a）和式（2.14b）分别乘以其相对劳动供给，可以得到：

$$S_{HR} = \frac{w_H L_H}{w_R L_R} = \left(\frac{1-\gamma}{\gamma}\right)^\beta \left(\frac{L_H}{L_R}\right)^{\eta-1} \qquad (2.15c)$$

$$S_{HM} = \frac{w_H L_H}{w_M L_M} = \left(\frac{\lambda(1-\gamma)}{\gamma}\right)^\varepsilon \left(\frac{L_H}{L_M}\right)^{\varepsilon\sigma-\sigma} \left(\gamma^\beta (1-\gamma)^{1-\beta} \left(\frac{L_H}{L_M}\right)^{1-\eta} + (1-\gamma)\right)^{\frac{\varepsilon-\beta}{\beta-1}}$$

$$(2.15d)$$

相比式（2.15a）和式（2.15b），当高技能相对劳动供给增加时，高技能劳动与中等技能劳动的替代弹性大于 $\eta > 1$，即可使高技能产业的相对劳动报酬份额 S_{HR} 增加，但此时高技能劳动的相对工资是下降的。再来看式 (2.15. d)，当高技能相对劳动供给增加时，高技能产业的相对劳动报酬份额 S_{HM} 开始上升，当达到临界点后开始下降。但所要求的高技能劳动与低技能劳动的弹性更小。

2.2.5 经济增长

根据式 (2.2)，我们可以得到欧拉方程：$\dot{C}/C = \frac{1}{\theta}(1 - \rho)$。在平衡增长路径下，消费增长率等于总产出增长率 g。由于我们假设劳动力不变，所以 g 也是人均产出增长率。所以根据式 (2.3)、式 (2.9)、式 (2.10)、式 (2.11)、式 (2.14) 和欧拉方程得经济增长率，详细证明过程见附录 1。

$$g = \frac{\xi(R^*)}{\theta}(\sigma(\lambda^\varepsilon [\gamma^\beta L_R^{\sigma(\beta-1)} + (1-\gamma)^\beta L_H^{\sigma(\beta-1)}]^{\frac{\sigma(\varepsilon-1)}{\sigma(\beta-1)}}$$

$$+ (1-\lambda)^\varepsilon L_M^{\sigma(\varepsilon-1)})^{\frac{1}{\sigma(\varepsilon-1)}} - 1) - \frac{\rho}{\theta} \tag{2.16}$$

由式 (2.16) 可知，劳动供给增加将会提高经济增长率，这就是规模效应。劳动力增加一方面扩大了市场规模，另一方面用于研发的劳动力增加，这些都会导致经济增长率的上升（阿吉翁和霍伊特，2009）[①]。假设下述不等式条件成立：

$$\sigma \left(\lambda^\varepsilon [L_R^{\sigma(\beta-1)} \gamma^\beta + (1-\gamma)^\beta L_H^{\sigma(\beta-1)}]^{\frac{\varepsilon-1}{\beta-1}} + (1-\lambda)^\varepsilon (L_M)^{\sigma(\varepsilon-1)} \right)^{\frac{1}{\sigma(\varepsilon-1)}} > 1$$

那么经济增长率取决于劳动力规模和创新概率，劳动规模和技术创新概率越高，经济增长率也越高。也就是说，经济增长率包含了规模效应和技术进步效应。

---

① 人口增长能够促进经济增长率的结论受到不少质疑，出现了不少研究不包含规模效应的文献。关于规模效应的进一步讨论见琼斯（1995a，1995b，1998），杨格（Young，1998）和阿吉翁和霍伊特（2009）。

2.2.6　国民收入

根据本模型，国民收入为工资收入和利润收入之和（阿吉翁和霍伊特，2009）。根据式（2.3）、式（2.5）、式（2.6）、式（2.8）、式（2.11）和式（2.14）可得国民收入 $\sum_i w_i L_i + \sum_i \pi_i$：

$$N = \frac{\sigma(2-\sigma)}{1-\sigma} \left(\lambda^\varepsilon \left[\lambda^\beta L_R^{\sigma(\beta-1)} + (1-\gamma)^\beta L_R^{\sigma(\beta-1)} \right]^{\frac{\varepsilon-1}{\beta-1}} \right.$$

$$\left. + (1-\lambda)^\varepsilon L_M^{\sigma(\varepsilon-1)} \right)^{\frac{1}{\sigma(\varepsilon-1)}} (A_H + A_R + A_M) \tag{2.17}$$

证明过程见附录2。式（2.17）表明，国民总收入与劳动规模和技术进步水平正相关。同经济增长率类似，国民收入也包括规模效应和技术进步效应。

国民收入全部用于消费，因而国民收入增长率 g_N 等于消费增长率 g。而且在平衡增长路径下，三个部门的技术进步率 g_A 相同，利用上式可求得国民收入增长率：

$$g = g_N = g_A$$

由式（2.18）可知，国民收入增长率等于技术进步率。另外，我们从式（2.17）还可以得知，利润总额是工资总额的 $1-\sigma$ 倍。所以在平衡增长路径下，劳动报酬份额保持不变，符合所谓的"卡尔多特征事实"。此外，部门间的相对国民收入唯一的取决于部门间的相对技术水平，即 $\frac{N_i}{N_j} = \frac{A_i}{A_j}$。

2.3　小结

理论模型表明，技能偏向性技术进步的方向取决于高、中、低技能劳动间的替代弹性和劳动禀赋结构的变化。如果高技能劳动与低技能劳动存在互补关系，与中等技能劳动存在替代关系。那么随着高技能劳动相对供给的上升最终将会促进高技能偏向性技术进步和低技能偏向性技术进步，从而导致高技能劳动和低技能劳动相对就业和工资的上升，中等技能劳动相对就业和工资的下降。

　　由于本书的技术创新包含了规模效应，所以经济增长率和国民收入取决于高、中、低技能劳动的规模（规模效应）和技术创新概率（技术进步效应）。在平衡增长路径下，国民收入的分配满足"卡尔多特征事实"，即劳动和企业家的收入分配比例是稳定的，劳动分配份额为 σ，企业家的分配份额为 $1-\sigma$，所以本书的研究结果同科布—道格拉斯生产函数下的要素分配份额是一致的。

第 3 章

国际贸易与技能偏向性技术进步

3.1 南北贸易与技能偏向性技术进步

第 2 章为封闭经济条件下的技能偏向性技术进步模型，本章在第 2 章和阿西莫格鲁（2003）和甘斯和邦戈理（2008）分析南北贸易的基础上，将模型扩展为三要素模型考察国际贸易对技能偏向性技术进步的影响。假设发展中国家不研发新技术，只是技术前沿国家（发达国家）的跟随者，但同样要投入研发成本吸收消化新技术。当国际贸易发生以后，发展中国家会模仿或购买技术前沿国家的技术，但模仿效率要差一些，只能模仿或购买技术前沿国家的技术，但发展中国家模仿后的技术水平要低于发达国家。因此，本书借鉴阿西莫格鲁（2002a，2003）和甘斯和邦戈理（2008）引入参数 ϖ，表示发展中国家距离技术前沿的差距，即有 $A_i^S = \varpi A_i, \varpi \in (0,1)$，当发展中国家有产权保护时，参数 ϖ 也可以表示发展中国家产权保护程度，参数值越低，发展中国家产权保护越弱。假设国际贸易为自由贸易，南北国家生产相同的产品，唯一的不同在于两类国家的要素禀赋：技术前沿国家拥有相对丰富的高技能劳动力，发展中国家拥有相对丰富的中等技能劳动和低技能劳动力。

3.1.1 发展中国家有产权保护

在发展中国家有产权保护时，发展中国家的厂商可以模仿技术前沿国家的技术 $\varpi A_i, \varpi \in (0,1)$，并利用模仿来的技术生产中间产品。但要面临发达国家技术厂商的竞争。模型设定依然为第 2 章的模型，贸易开放以后，发展中国家产品厂商的中间产品需求为[①]：

$$x_i^*(j) = \left(\frac{p_i^w}{\chi_i(j)}\right)^{\frac{1}{\sigma}} \varpi A_i^w(j) L_i^*, \quad i = H, R, M$$

那么中间产品垄断厂商中间产品的销售数量为：

$$X(j) = A_i^w(j)(L_i + \varpi L_i^*)\left(\frac{p_i^w}{\chi_i(j)}\right)^{\frac{1}{\sigma}} \tag{3.1}$$

最终产品面临全球市场，我们可以得到国际贸易条件下的相对价格：

$$\frac{p_H}{p_R} = \left(\frac{1-\gamma}{\gamma}\right)^{\frac{\sigma\beta}{\eta}}\left(\frac{L_H + \varpi L_H^*}{L_R + \varpi L_R^*}\right)^{-\frac{\sigma}{\eta}}\left(\frac{A_H}{A_R}\right)^{-\frac{\sigma}{\eta}} \tag{3.2a}$$

$$\frac{p_H}{p_M} = \left(\frac{\lambda(1-\gamma)}{1-\lambda}\right)^{\frac{\varepsilon\sigma}{\varepsilon\sigma+1-\sigma}}\left(\frac{L_H + \varpi L_H^*}{L_M + \varpi L_M^*}\right)^{-\frac{\sigma}{\varepsilon\sigma+1-\sigma}}\left(\frac{A_H}{A_M}\right)^{-\frac{\sigma}{\varepsilon\sigma+1-\sigma}}$$

$$\times\left[\gamma\left(\frac{1-\gamma}{\gamma}\right)^{\frac{\eta-\beta}{\eta}}\left(\frac{L_H + \varpi L_H^*}{L_R + \varpi L_R^*}\right)^{\frac{1-\eta}{\eta}}\left(\frac{A_H}{A_R}\right)^{\frac{\sigma(1-\beta)}{\eta}} + (1-\gamma)\right]^{\frac{(\varepsilon-\beta)\sigma}{(\beta-1)(\varepsilon\sigma+1-\sigma)}}$$

$$\tag{3.2b}$$

3.1.1.1 技术结构

利用与封闭条件下相同的推导原理，我们可得全球化条件下的相对技术水平（见附录 3）：

$$\frac{A_H^w}{A_R^w} = \left(\frac{1-\gamma}{\gamma}\right)^{\beta}\left(\frac{L_H + \varpi L_H^*}{L_R + \varpi L_R^*}\right)^{\eta-1} \tag{3.3a}$$

$$\frac{A_H^w}{A_M^w} = \left(\frac{\lambda(1-\gamma)}{1-\lambda}\right)^{\varepsilon}\left(\frac{L_H + \varpi L_H^*}{L_M + \varpi L_M^*}\right)^{\sigma(\varepsilon-1)}\left[\gamma^{\beta}(1-\gamma)^{1-\beta}\left(\frac{L_H + \varpi L_H^*}{L_R + \varpi L_R^*}\right)^{1-\eta} + (1-\gamma)\right]^{\frac{\varepsilon-\beta}{\beta-1}}$$

$$\tag{3.3b}$$

由于发展中国家中等技能劳动的相对供给更为丰富，因而全球高技能相对于中低技能劳动的供给会下降。那么，比较式（3.3a）和式（2.14a），贸易开放将会促进中等技能增强型技术进步，该技术进步将偏向中等技能劳动。

---

① 详细推导过程见附录 2。

根据 ϖ 表示产权保护的强弱，那么 ϖ 值越小，促进中等技能增强型技术进步的程度越小；ϖ 值越大，越有利于促进中等技能增强型技术进步。式（3.3b）较为复杂，贸易开放以后，中等技能劳动和低技能劳动相对高技能劳动的供给均增加，因而 A_H/A_M 和 A_H^w/A_M^w 孰高孰低不好确定。如果发展中国家中等技能劳动足够高，A_H^w/A_M^w 会低于 A_H/A_M。

需要注意的是，能够模仿技术前沿国家技术的多为新兴市场国家，而且新兴市场国家与发达国家之间的贸易在南北贸易中占据绝大部分份额。根据上文相同的原理，我们可以推导出发展中国家在封闭经济条件下的技术结构，同（2.14）相比，贸易开放会提高发展中国家的技术结构，进而提升发展中国家的要素禀赋结构。所以贸易开放虽然在初期降低了发达国家高技能增强型的相对技术水平，但随着发展中国家要素禀赋结构的升级，发达国家的技术结构会逐步向封闭经济条件下的技术结构趋近。当将来新兴市场国家的要素禀赋结构与发达国家的要素禀赋结构相同时，发达国家的技术结构就会恢复到贸易开放前的状态。

3.1.1.2 技能溢价

根据同第 2 章类似的原理，可以得到技能溢价（证明见附录3)[①]：

$$\frac{w_H^N}{w_R^N} = \zeta_R \left(\frac{1-\gamma}{\gamma}\right)^{\beta} \left(\frac{L_H}{L_R}\right)^{\eta-2}, \quad \zeta_R = \left(\frac{L_H + \varpi L_H^*}{L_R + \varpi L_R^*} \Big/ \frac{L_H}{L_R}\right)^{\eta-1-\sigma} < 1 \qquad (3.4a)$$

$$\frac{w_H^N}{w_M^N} = \left(\frac{\lambda(1-\gamma)}{1-\lambda}\right)^{\varepsilon} \zeta_M \left(\frac{L_H}{L_M}\right)^{\varepsilon\sigma-\sigma-1} \left[\gamma^{\beta}(1-\gamma)^{1-\beta} \zeta_R^{\frac{1-\eta}{\eta-1-\sigma}} \left(\frac{L_H}{L_R}\right)^{1-\eta} + (1-\gamma)\right]^{\frac{\varepsilon-\beta}{\beta-1}}$$

$$\zeta_M = \left(\frac{L_H + \varpi L_H^*}{L_M + \varpi L_M^*} \Big/ \frac{L_H}{L_M}\right)^{\sigma(\varepsilon-2)} > 1 \qquad (3.4b)$$

根据式（3.4a），如果高技能劳动与中等技能劳动的替代弹性大于2，贸易开放会使发达国家的技能溢价 w_H^N/w_R^N 将会降低，相应地，技能溢价降低程度取决于发放国家的产权保护强弱，即参数 ϖ。而 w_H^N/w_M^N 是否高于贸易开放前的水平取决于发展中国家中等技能劳动供给和低技能劳动供给的相对水平，如果中等技能劳动供给相对于低技能劳动供给足够高，贸易开放会使 w_H^N/w_M^N 下降。随着新兴市场国家要素禀赋结构的改善，贸易将会使发达国家的技能

---

① $\zeta_R < 1$，$\zeta_M > 1$ 的证明见附录4。

溢价 w_H^N/w_R^N 上升和 w_H^N/w_M^N 下降。当新兴市场国家和发达国家的要素禀赋结构相同时，发达国家的技能溢价恢复到贸易开放前的水平。工作随相对工资的变化同方向变化。我们可以发现，发达国家工资工作两极化只在贸易之初会有所缩小，随着贸易的继续进行，工资工作两极化现象将会重新上演。根据式（3.4b），如果发展中国家产权保护程度较高，工资极化的趋势将会有所减缓。

利用同第 2 章相同的推导原理，我们可以得到发展中国家的技能溢价：

$$\frac{w_H^S}{w_R^S} = \left(\frac{1-\gamma}{\gamma}\right)^\beta \zeta_R^S \left(\frac{L_H^*}{L_R^*}\right)^{\eta-2} , \zeta_R^S = \left(\frac{L_H + \varpi L_H^*}{L_R + \varpi L_R^*} \middle/ \frac{L_H^*}{L_R^*}\right)^{\eta-1-\sigma} > 1 \qquad (3.5a)$$

$$\frac{w_H^S}{w_M^S} = \left(\frac{\lambda(1-\gamma)}{1-\lambda}\right)^\varepsilon \zeta_M^* \left(\frac{L_H^*}{L_M^*}\right)^{\varepsilon\sigma-\sigma-1} \left[\gamma^\beta (1-\gamma)^{1-\beta} \zeta_R^{S\frac{1-\eta}{\eta-1-\sigma}} \left(\frac{L_H^*}{L_R^*}\right)^{1-\eta} + (1-\gamma)\right]^{\frac{\varepsilon-\beta}{\beta-1}}$$

$$\zeta_M^S = \left(\frac{L_H + \varpi L_H^*}{L_M + \varpi L_M^*} \middle/ \frac{L_H^*}{L_M^*}\right)^{\sigma(\varepsilon-2)} < 1 \qquad (3.5b)$$

式（3.5a）显示，贸易开放将会提高发展中国家的技能溢价 w_H^S/w_R^S。贸易开放对技能溢价 w_H^S/w_M^S 同样不够直观（见式（3.5b））。如果发展中国家中等技能劳动的供给足够高，贸易开放会降低发展中国家的技能溢价 w_H^S/w_M^S。相反，如果发展中国家低技能劳动供给足够高，贸易开放会提高技能溢价 w_H^S/w_M^S。一般而言，新兴市场国家中等技能劳动供给相对较高。因此贸易开放对新兴市场国家低技能劳动的负面影响较小，而贸易开放会进一步加剧不发达国家的收入不平等程度。

3.1.1.3　技术扩散与经济收敛

根据上文，$A_{it}^S = \varpi A_{it}^N = \xi^S A_{it}^N + (1-\xi^S) A_{it-1}^S$，等式右端为发展中国家的平均技术水平，经过一些简单的运算，我们可以得到平衡状态下的技术前沿距离：

$$\varpi = \frac{(1+g)\xi^S}{g+\xi^S} \qquad (3.6)$$

其中，g 为前沿技术增长率，$\partial\varpi/\partial g < 0$。$\xi^S$ 为发展中国家的成功研发利用前沿技术的概率，$\partial\varpi/\partial\xi^S > 0$。$\xi^S$ 越大，发展中国家同技术前沿的距离越近。影响 ξ^S 的因素包括技术扩散程度，发展中国家的制度质量和人力资本水平等因素。由于 ϖ 也表示产权保护程度，可见，产权保护程度越高与发展中国家研发利用前沿技术的概率和前沿技术距离存在正相关性。

1. 技能溢价

根据式（3.5）和式（3.6），技术扩散会正向地扩大国际贸易对发达国家技能溢价的影响，但会缓减国际贸易对发展中国家技能溢价的影响。由于发展中国家低技能劳动和中等技能劳动供给大于高技能劳动供给，如果技术扩散程度越低，即 ϖ 越小，贸易开放对发达国家工资工作两极化的影响很小，但会促使发展中国家的工资和工作两极化。[①] 相反，如果技术很容易在国际间扩散，这会降低发达国家工资工作两极化程度，而且也能够提高发展中国家中低技能劳动的相对收入。所以技术扩散在全球化背景下非常重要，它能够提升发达国家和发展中国家中产阶层的收入，有助于提高消费和稳定社会。但是，随着发展中国家，尤其是新兴市场国家要素禀赋结构的改善，高技能劳动比例上升，工资工作两极化的现象会重现，技术扩散只是延缓了这一趋势。

为了便于分析，我们在上文假设发展中国家各产业的技术水平同技术前沿的距离 ϖ 是相同的。如果各产业的技术前沿距离是不同的，对式（3.4）和式（3.5）稍作修改，我们可以得到影响南发达国家技能溢价收敛的决定因素：

$$\frac{w_i^N / w_j^N}{w_i^S / w_j^S} = \frac{L_i^N}{L_j^N} \frac{\varpi_j}{\varpi_i} \frac{L_j^S}{L_i^S}, \quad i, j = H, R, M \tag{3.7}$$

式（3.7）表明，技能溢价差异取决于南发达国家的要素禀赋差异和发展中国家各产业前沿技术距离的差异。我们还可以将 $\varpi_j L_j^S / \varpi_i L_i^S$ 理解为相对有效劳动供给，那么技能溢价差异就取决于经过生产率调整的南北方要素禀赋差异。

2. 经济增长与国民收入

式（3.8）为贸易开放后的经济增长率。同封闭经济条件下的经济增长率相比，开放经济的规模效应较封闭经济时的规模效应更大。因而国际贸易提高了发达国家和发展中国家的经济增长率，也使得这两类国家的经济增长

---

① 式（3.5）和式（3.6）中，$\partial\left(\dfrac{L_H + \varpi L_H^*}{L_R + \varpi L_R^*}\right) \Big/ \partial\varpi \begin{cases} <0, & \text{if } L_H^* < L_R^* \\ >0, & \text{if } L_H^* > L_R^* \end{cases}$，因而我们可以得到上述结论。

率趋同。该式还表明，技术扩散程度越小，国际贸易带来的经济增长率也越低（虽然它仍大于封闭经济的增长率）。可见，技术扩散对发达国家和发展中国家都是有利的。下文中，$l_i = L_i + \varpi L_i^*$，$i = H, R, M$。

$$g^w = \frac{\xi(R^*)}{\theta} \left(\sigma \left(\lambda^\varepsilon \left[\gamma^\beta l_R^{\sigma(\beta-1)} + (1-\gamma)^\beta l_H^{\sigma(\beta-1)} \right]^{\frac{\varepsilon-1}{\beta-1}} \right. \right.$$

$$\left. \left. + (1-\lambda)^\varepsilon l_M^{\sigma(\varepsilon-1)} \right)^{\frac{1}{\sigma(\varepsilon-1)}} - 1 \right) - \frac{\rho}{\theta} \tag{3.8}$$

类似式（2.17），我们可以得到贸易开放后发达国家和发展中国家的国民收入水平：

$$N^N = \left(\lambda^\varepsilon \left[\gamma^\beta l_H^{\sigma(\beta-1)} + (1-\gamma)^\beta l_H^{\sigma(\beta-1)} \right]^{\frac{\varepsilon-1}{\beta-1}} + (1-\lambda)^\varepsilon l_M^{\sigma(\varepsilon-1)} \right)^{\frac{1}{\sigma(\varepsilon-1)}}$$

$$\sum_i \left[\left(\frac{\sigma}{1-\sigma} \left(\frac{L_i}{l_i} \right)^\sigma + \sigma \right) A_i \right] \tag{3.9a}$$

$$N^S = \varpi \left(\lambda^\varepsilon \left[\gamma^\beta l_H^{\sigma(\beta-1)} + (1-\gamma)^\beta l_H^{\sigma(\beta-1)} \right]^{\frac{\varepsilon-1}{\beta-1}} + (1-\lambda)^\varepsilon l_M^{\sigma(\varepsilon-1)} \right)^{\frac{1}{\sigma(\varepsilon-1)}}$$

$$\sum_i \left[\left(\frac{\sigma}{1-\sigma} \left(\frac{L_i^*}{l_i} \right)^\sigma + \sigma \right) A_i \right] \tag{3.9b}$$

式（3.9）表明，南发达国家国民收入增长率等于技术进步率，也等于消费增长率。虽然式（3.9）不能直观地看出贸易开放后国民收入水平是否高于封闭经济时的国民收入水平，但从更高的经济增长率可以判断，贸易开放提高了国民收入水平和人均收入水平。

如果我们控制了国家间的人口规模差异，国民收入差异主要取决于国家间的技术差距。在技术国际间扩散的过程中，除了技术本身的特性和技术前沿国家特定的技术保护外，发展中国家的制度质量和教育体系是技术扩散的重要决定因素。因而改善制度质量和提升人力资本水平是缩小技术差距和增加国民收入的重要途径。

3.1.2 发展中国家没有完善的产权保护

3.1.2.1 技术结构

本节假设发展中国家没有完善产权保护制度。[①] 发展中国家自己不进行

---

① 没有产权保护的情况下，ϖ 只表示南发达国家间的技术差距。

技术研发，而是利用发达国家的技术生产中间产品。这也意味着发达国家的技术厂商只拥有本国市场（阿西莫格鲁，2002a），因此，利用式（2.11）和式（3.2）与上面类似的推导原理，我们可以得到发达国家的相对技术水平：

$$\frac{A_H}{A_R} = \left(\frac{1-\gamma}{\gamma}\right)^{\beta} \zeta_R^N \left(\frac{L_H}{L_R}\right)^{\eta-1}, \zeta_R^N = \left(\frac{L_H + \varpi L_H^*}{L_R + \varpi L_R^*} \Big/ \frac{L_H}{L_R}\right)^{-1} > 1 \quad (3.10a)$$

$$\frac{A_H}{A_M} = \left(\frac{\lambda(1-\gamma)}{1-\lambda}\right)^{\varepsilon} \zeta_M^N \left(\frac{L_H}{L_M}\right)^{\sigma(\varepsilon-1)} \left[\gamma^{\beta}(1-\gamma)^{1-\beta}\left(\frac{L_H}{L_R}\right)^{1-\eta} + (1-\gamma)\right]^{\frac{(\varepsilon-\beta)}{(\beta-1)}},$$

$$\zeta_M^N = \left(\frac{L_H + \varpi L_H^*}{L_M + \varpi L_M^*} \Big/ \frac{L_H}{L_M}\right)^{-1} > 1 \quad (3.10b)$$

式（3.10）显示，贸易开放后，高技能增强型技术进步的相对水平进一步上升。这同式（3.3）的结论相反，原因在于发达国家技术厂商中间产品的市场规模没有变化，即市场规模效应不变。但是贸易开放后，高技能产品的价格进一步上升，因而提高了中间品的利润，即价格效应上升，促进了高技能增强型技术进步（阿西莫格鲁，2002a）。式（3.10）表明，贸易开放同样能够提高发展中国家的技术结构。

同有发展中国家具有产权保护相比，发展中国家缺乏产权保护更能提升全球的技术结构。原因还在于技术厂商处于利润最大化原则对市场规模效应和价格效应的权衡。全球低技能劳动和中等技能劳动的供给量要远多于高技能劳动供给，对中低技能互补型技术的需求更高。当全球拥有良好的产权保护时，技术厂商会更多地研发中低技能增强型技术，这样可以获得更高的利润。但由于发展中国家没有良好的产权保护，技术厂商只能瞄准发达国家的市场，更多的研发高技能增强型技术。

3.1.2.2 技能溢价

利用式（2.6）、式（2.11）和式（3.10），我们可以得到无产权保护下的技能溢价。可以证明，南发达国家的技能溢价是相同的：

$$\frac{w_H}{w_R} = \left(\frac{1-\gamma}{\gamma}\right)^{\beta} \zeta_R^N \left(\frac{L_H}{L_R}\right)^{\eta-2} \quad (3.11a)$$

$$\frac{w_H}{w_M} = \left(\frac{\lambda(1-\gamma)}{1-\lambda}\right)^{\varepsilon} \zeta_M^N \left(\frac{L_H}{L_M}\right)^{\sigma\varepsilon-\sigma-1} \left[\gamma^{\beta}(1-\gamma)^{1-\beta}\left(\frac{L_H}{L_R}\right)^{1-\eta} + (1-\gamma)\right]^{\frac{(\varepsilon-\beta)}{(\beta-1)}}$$

$$(3.11b)$$

式（3.11）表明，国际贸易提高了发达国家的技能溢价。式（3.10）和式（3.11）也说明，技术扩散程度上升正向地扩大了国际贸易对技术结构和技能溢价的影响。按照赫克谢尔—俄林贸易理论的预测，由于发达国家和发展中国家要素禀赋的差异，国际贸易会使发达国家高技能劳动的相对工资上升，发展中国家高技能劳动的相对工资下降。但实际情况并非如此，20世纪80年代以来，随着全球化不断加深，两类国家的收入不平等程度均在上升。本小节的模型可以很好地解释这一现象。发展中国家知识产权保护普遍比较弱，用本模型解释也较为合理。

3.1.2.3 经济增长与国民收入

可以证明，无产权保护的情况下，平衡增长路径下产出增长率同封闭经济条件下的增长率相同（见式（2.16）的推导过程）。原因在于，首先，技术的市场规模并没有发生变化；其次，贸易开放后，产品市场相对价格的上升被相对技术进步所抵销，导致相对价格恢复到原来的水平（见式（2.11））。也就是说，在平衡增长路径下，价格效应被相对技术进步所抵消，所以技术进步恢复到贸易开放前的技术进步增长率。

基于相同的原因，平衡增长路径下，国际贸易也不会使南发达国家的国民收入有任何变化。更进一步，工资总额和利润总额也没有变化。结合式（3.11），我们发现，如果无产权保护下的国际贸易，并没有额外地增加南发达国家的国民收入，只是提升了技术结构，进而增加了两类国家的收入不平等程度。

产权保护能够让技术厂商充分利用全球资源禀赋和全球市场，获得更大的利润。更为重要的是，一国的技术结构必须同要素禀赋结构相适应，才能达到产出和福利最大化。产权保护下的国际贸易促进了中低技能技术进步，这更有利于同发展中国家的要素禀赋相匹配。而缺乏产权保护的国际贸易所能为发展中国家带来的技术结构与其要素禀赋结构相去甚远，并不利于发展中国家的经济增长。

3.2 国际技术竞争与技能偏向性技术进步

我们在上文中分析国际贸易对技能偏向性技术进步的影响时仅考虑了价

格效应，本节在此基础上进一步引入竞争效应，从而能够分析国家间的创新竞争与国际贸易相互作用对经济增长的影响。发达国家之间的创新涉及创新和产品的竞争，我们借鉴阿吉翁和霍伊特（2009）的逐阶创新模型（step-by-step innovation）分析要素禀赋与国际贸易对偏向性技术进步及经济增长的影响。本书之前的模型假设研发市场是自由进出的，这意味着任何企业进入研发市场都有可能提升现有产品的质量。但实际上产品质量的提升是逐步的，新进入企业很难做到这一点，而且大多数创新发生在产业内以及在位企业（阿吉翁等，2001；阿西莫格鲁，2009）。因此，本节建立的模型是阿西莫格鲁（1998，2002a）偏向性技术进步模型和阿吉翁和霍伊特（2009）逐阶创新模型的融合，从而可以得到关于技能偏向性技术进步更多的动态特征。

根据上文的分析表明，国际贸易影响技能偏向性技术进步是基于劳动禀赋结构的（即本书的国际贸易模型是赫克谢尔—俄林理论的扩展），同时，第 2 章的模型分析表明，高技能劳动相对供给上升将首先促进高技能偏向性技术进步，当高技能劳动的相对供给上升到一定的临界点后，高技能偏向性技术进步导致的高技能劳动相对工资上升才会提高了低技能劳动的需求，从而引发低技能偏向性技术进步。所以，鉴于现实经济中高技能劳动比例的不断上升和前沿技术进步和高技能劳动的互补性，下文在建模时，为了简化分析，将不考虑低技能劳动而建立两要素模型。这并不会对本书分析技能偏向性技术进步影响劳动力市场极化的机制产生实质性影响。

3.2.1 创新环境

基于上述原因，本节假设技术市场为寡头垄断（duopoly）。根据阿吉翁和霍伊特（2009），假设创新包括三种情形：国内产业的创新领先国外；国内与国外齐头并进（neck-and-neck）；国外产业的创新领先国内部门。为了简化分析，我们假设本国高技能产业和中等技能产业同时领先或落后外国相应产业。

当国内创新领先国外时，由式（2.8），我们可以得到技术厂商的预期利润：

$$E\pi_i = \xi_A(L_i + L_i^*)\sigma p_i^{\frac{1}{\sigma}}\tau A_{i,t-1}(j) + (1 - \xi_A)(L_i + (1 - \xi_A^*)L_i^*)\sigma p_i^{\frac{1}{\sigma}}A_{i,t-1}(j) - A_{i,t-1}\Re_i(\xi_A)$$

$$E\pi_i^* = \xi_A^*(1-\xi_A)L_i^*\sigma p_i^{\frac{1}{\sigma}}A_{i,t-1}(j) - A_{i,t-1}\Re_i(\xi_A^*) \tag{3.12}$$

其中，*代表外国。如果本国创新成功，将以概率 ξ_A 获得全球市场利润。如果本国创新不成功，仍以原有技术生产并占有本国市场。同时，如果外国创新也不成功，本国厂商依然能够以 $1-\xi_A$ 的概率获得外国市场。外国厂商只有在本国创新不成功且外国创新成功的情况下获得外国市场。

当国内和外国齐头并肩时，国内外技术厂商的预期利润为：

$$E\pi_i = \xi_B(L_i + (1-\xi_B^*)L_i^*)\sigma p_i^{\frac{1}{\sigma}}\tau A_{i,t-1}(j) + (1-\xi_B)$$
$$(1-\xi_B^*)L_i\sigma p_i^{\frac{1}{\sigma}}A_{i,t-1}(j) - A_{i,t-1}\Re_i(\xi_B)$$
$$E\pi_i^* = \xi_B^*(L_i^* + (1-\xi_B)L_i)\sigma p_i^{\frac{1}{\sigma}}\tau A_{i,t-1}(j) + (1-\xi_B^*)(1-\xi_B)$$
$$L_i^*\sigma p_i^{\frac{1}{\sigma}}A_{i,t-1}(j) - A_{i,t-1}\Re_i(\xi_B^*) \tag{3.13}$$

如果本国创新成功，而外国创新失败，则本国企业获得全球市场。如果本国和外国均创新失败，则本国企业仍以原技术获得本国市场。另外，当本国落后外国时，预期利润的表达式可通过类似式（3.12）的原理得出：

$$E\pi_i = \xi_C(1-\xi_C^*)L_i\sigma p_i^{\frac{1}{\sigma}}A_{i,t-1}(j) - A_{i,t-1}\Re_i(\xi_C)$$
$$E\pi_i^* = \xi_C^*(L_i + L_i^*)\sigma p_i^{\frac{1}{\sigma}}\tau A_{i,t-1}(j) + (1-\xi_C^*)(L_i^* + (1-\xi_C)L_i)$$
$$\sigma p_i^{\frac{1}{\sigma}}A_{i,t-1}(j) - A_{i,t-1}\Re_i(\xi_C^*) \tag{3.14}$$

3.2.2　技术结构与技能溢价

在寡头垄断的市场结构中，企业选择研发投入以获得利润最大化。对式（3.12）~式（3.14）求创新概率的导数，我们得到如下无套利条件：

$$\sigma p_i^{\frac{1}{\sigma}}[(L_i + L_i^*)(\tau - 1) + \xi_A^* L_i^*] = \Re'_i(\xi_A)$$
$$\sigma p_i^{\frac{1}{\sigma}}[(\tau - 1)L_i + \xi_B^* L_i + (1-\xi_B^*)L_i^*\tau] = \Re'_i(\xi_B) \tag{3.15}$$
$$(1-\xi_C^*)L_i\sigma p_i^{\frac{1}{\sigma}} = \Re'_i(\xi_C)$$

3.2.2.1　第一种情形：国内产业的创新领先国外

在寡头垄断的市场结构中，企业选择研发投入以获得利润最大化。对（3.12）求创新概率的导数，得到如下无套利条件：

$$\sigma p_i^{\frac{1}{\sigma}} ((L_i + \omega L_i^*)(\tau - 1) + \omega \xi_A^* L_i^*) = \Re'(\xi_A) \qquad (3.16)$$

稳态路径下，各产业的研发支出是相等的。因此，从式（3.16）可以得到相对价格：

$$\left(\frac{p_H^w}{p_R^w}\right)^{\frac{1}{\sigma}} \frac{(L_H + \omega L_H^*)(\tau - 1) + \omega \xi_A^* L_H^*}{(L_R + \omega L_R^*)(\tau - 1) + \omega \xi_A^* L_R^*} = 1 \qquad (3.17)$$

本国的技术水平领先外国一步。本国和外国的生产函数为：

$$Y_i = \frac{1}{1 - \sigma}(p_i^w)^{\frac{1-\sigma}{\sigma}} L_i \int_0^1 (\tau A_i(j)) dj,$$

$$Y_i^* = \frac{1}{1 - \sigma}(p_i^w)^{\frac{1-\sigma}{\sigma}} L_i^* \int_0^1 (\tau A_i(j)) dj, i = R, H$$

因而可以得到相对价格：

$$\frac{p_H^w}{p_R^w} = \left(\frac{1-\gamma}{\gamma}\right)^{\frac{\sigma\beta}{\eta}} \left(\frac{N_H}{N_R}\right)^{-\frac{\sigma}{\eta}} \left(\frac{\tau L_H + L_H^*}{\tau L_R + L_R^*}\right)^{-\frac{\sigma}{\eta}} \qquad (3.18)$$

利用式（3.17）和式（3.18），可以得到发达国家的相对技术水平：

$$\frac{N_H^N}{N_R^N} = \left(\frac{1-\gamma}{\gamma}\right)^{\beta} \left(\frac{\tau L_H + L_H^*}{\tau L_R + L_R^*}\right)^{-1} \left(\frac{L_H + \theta L_H^*}{L_R + \theta L_R^*}\right)^{\eta} \qquad (3.19)$$

其中，$\theta = (\tau - 1 + \xi_A^*)\omega/(\tau - 1)$。$\partial\theta/\partial\omega > 0$。由于发展中国家中等技能相对劳动供给较多，因此，贸易开放后，中等技能劳动的相对供给会上升。如果发展中国家无产权保护时，$\theta = 0$。此时有 $\partial(N_H^N/N_R^N)/\partial(L_H/L_R) < 0$，即贸易开放会促进高技能增强型技术进步。比较式（3.19）和式（2.9），在产权无保护的情况下，贸易开放后的相对技术水平 N_H^N/N_R^N 大于封闭经济条件下的相对技术结构 N_H/N_R。由于不存在产权保护，因而不存在竞争效应。此时的技能偏向性技术进步来源于贸易开放引发的价格效应上升。

当发展中国家存在完全的产权保护时，$\theta > 1$。此时有 $\partial(N_H^N/N_R^N)/\partial(L_H/L_R) > 0$，贸易开放后，中等技能劳动相对供给上升将降低 N_H^N/N_R^N。因而贸易开放会促进中等技能增强型技术进步。该结论同阿西莫格鲁（2002a）相比，本书引入了竞争效应 ωL_R^* 和 ωL_H^*。由于 $\omega L_R^* > \omega L_H^*$，即中等技能产业的竞争效应大于高技能产业的竞争效应，竞争效应的引入进一步促进了中等技能增强型技术进步。

通过类似的原理，我们可得到技能溢价：

$$\frac{w_H}{w_R} = \left(\frac{1-\gamma}{\gamma}\right)^{\beta} \left(\frac{\tau L_H + L_H^*}{\tau L_R + L_R^*} \Big/ \frac{L_H}{L_R}\right)^{\sigma(\beta-2)} \left(\frac{L_H + \theta L_H^*}{L_R + \theta L_R^*} \Big/ \frac{\tau L_H + L_H^*}{\tau L_R + L_R^*}\right)^{\eta-1} \left(\frac{L_H}{L_R}\right)^{\eta-2}$$

$$(3.20)$$

式（3.20）表明，当中等技能劳动和高技能劳动的替代弹性大于 2 时（确切地说是足够大时），国际贸易会降低技能溢价。该式同式（2.15）和式（3.4）相比，竞争效应进一步降低了技能溢价。

3.2.2.2　第二种情形：国内与国外齐头并进

基于上述原因，假设技术市场为寡头垄断（duopoly）。由式（3.13），我们可以得到贸易开放后，发达国家高技能中间品和中等技能中间品的预期利润：

$$E\pi_i = \xi(L_i + \omega(1-\xi^*)L_i^*)\sigma\tau p_i^{\frac{1}{\sigma}} + (1-\xi)(1-\xi^*)L_i\sigma p_i^{\frac{1}{\sigma}} - \Re(\xi), \quad i = H, R$$

$$(3.21)$$

其中，$\omega \in [0,1]$ 表示产权保护程度，产权保护越弱，ω 值越小。ξ 为创新概率。$\Re$ 为研发投入。如果发达国家创新成功，而发展中国家创新失败，则发达国家企业获得全球市场，并将中间品数量提高 $\tau > 1$。如果发达国家和发展中国家均创新失败，则发达国家企业仍以原技术获得本国市场。

在寡头垄断的市场结构中，企业选择研发投入以获得利润最大化。求创新概率的导数，得到如下无套利条件：

$$(L_H + \omega(1-\xi^*)L_H^*)\tau\sigma p_i^{\frac{1}{\sigma}} - (1-\xi^*)L_H\sigma p_i^{\frac{1}{\sigma}} = \Re'(\xi)$$

$$(3.22)$$

稳态路径下，各产业的研发支出是相等的。因此，从式（3.22）可以得到相对价格：

$$\left(\frac{p_H^w}{p_R^w}\right)^{\frac{1}{\sigma}} \frac{(\tau + \xi^* - 1)L_H + \tau\omega(1-\xi^*)L_H^*}{(\tau + \xi^* - 1)L_R + \tau\omega(1-\xi^*)L_R^*} = 1$$

$$(3.23)$$

根据式（2.1）、式（2.2）和式（2.4），可以得到贸易开放后两部门产品的相对价格：

$$\frac{p_H^w}{p_R^w} = \left(\frac{1-\gamma}{\gamma}\right)^{\frac{\sigma\beta}{\eta}} \left(\frac{N_H}{N_R}\right)^{-\frac{\sigma}{\eta}} \left(\frac{L_H + L_H^*}{L_R + L_R^*}\right)^{-\frac{\sigma}{\eta}} \qquad (3.24)$$

利用式（3.23）和式（3.24），可以得到发达国家的相对技术水平：

$$\frac{N_H^N}{N_R^N} = \left(\frac{1-\gamma}{\gamma}\right)^{\beta} \left(\frac{L_H + L_H^*}{L_R + L_R^*}\right)^{-1} \left(\frac{L_H + \theta L_H^*}{L_R + \theta L_R^*}\right)^{\eta} \qquad (3.25)$$

其中，$\theta = \omega\tau(1-\xi^*)/(\tau+\xi^*-1)$，$\partial\theta/\partial\omega > 0$。由于发展中国家中等技能相对劳动供给较多，因此，贸易开放后，中等技能劳动的相对供给会上升。如果发展中国家无产权保护时，$\theta = 0$。此时有 $\partial(N_H^N/N_R^N)/\partial(L_H/L_R) < 0$，即贸易开放会促进高技能增强型技术进步。在产权无保护的情况下，贸易开放后的相对技术水平 N_H^N/N_R^N 大于封闭经济条件下的相对技术结构 N_H/N_R。由于不存在产权保护，因而发展中国家的市场不存在规模效应 θL_i^*。此时的高技能增强型技术进步来源于贸易开放引发的价格效应上升。但是发达国家的市场还存在来自发展中国家的竞争效应 $\xi^* L_i$，这进一步促进了高技能增强型技术进步。更一般的情况是，如果产权保护 $\omega < (\tau-(1-\xi^*))/\tau(1-\xi^*)$，贸易开放会促进高技能增强型技术进步。此时贸易开放存在规模效应，但小于价格效应和竞争效应。

如果产权保护 $\omega > (\tau-(1-\xi^*))/\tau(1-\xi^*)$，此时有 $\theta > 1$，即 $\partial(N_H^N/N_R^N)/\partial(L_H/L_R) > 0$。贸易开放后，中等技能劳动相对供给上升将降低 N_H^N/N_R^N。因而贸易开放会促进中等技能增强型技术进步。该结论同阿西莫格鲁（2002a）相比，本书引入了竞争效应 θL_R^* 和 θL_H^*。由于 $\theta L_R^* > \theta L_H^*$，即低等技能产业的竞争效应大于高技能产业的竞争效应，竞争效应的引入进一步促进了中等技能增强型技术进步。[1]

3.2.2.3　第三种情形：国外产业的创新领先国内

由式（3.15）的第三个式子可得到技术市场均衡条件：$(L_H/L_R)(p_H/p_R)^{\frac{1}{\sigma}} = 1$。我们假设本国的技术水平落后外国一步，本国高技能劳动的相对供给比外国低。我们可以得到相对技术水平：

---

① 杨飞、程瑶（2014）进一步从理论和实证角度研究了产权保护在南北贸易促进技能偏向性技术进步中的门槛效应。详细参见杨飞、程瑶：《产权保护、南北贸易与技能偏向性技术进步》，载《财经研究》2014 年第 10 期。

$$\frac{A_H}{A_R} = \left(\frac{1-\gamma}{\gamma}\right)^{\beta} \left(\frac{L_H + \tau L_H^*}{L_R + \tau L_R^*} \Big/ \frac{L_H}{L_R}\right)^{-1} \left(\frac{L_H}{L_R}\right)^{\eta-1} \tag{3.26}$$

由于外国的高技能劳动比例较高，因而贸易开放会促进本国的中等技能增强型技术进步。当技术市场为垄断竞争时，贸易开放会提高落后国家的高技能增强型技术。但式（3.26）表明，如果技术市场为寡头垄断时，落后国家的中等技能增强型技术的相对水平会进一步上升。寡头垄断的技术市场考虑了创新的竞争效应。根据式（3.15）的第三个式子，当外国创新概率较高时，国际贸易会阻碍本国的创新。由于本国在该产业上缺乏优势，即使从事创新也可能被外国超越，因而本国最终不会在该产业领域从事创新，这是国际贸易带来的阻碍效应（阿吉翁和霍伊特，2009）。在第三种情形中，外国在高技能产业的相对优势更加明显，因而贸易开放对本国高技能产业创新的阻碍效应更加明显，阻碍了本国高技能产业的创新，进而提高了本国中等技能增强型技术的相对水平。

$$\frac{w_H}{w_R} = \left(\frac{1-\gamma}{\gamma}\right)^{\beta} \left(\frac{L_H + \tau L_H^*}{L_R + \tau L_R^*} \Big/ \frac{L_H}{L_R}\right)^{-\sigma} \left(\frac{L_H}{L_R}\right)^{\eta-2} \tag{3.27}$$

式（3.27）表明，贸易开放使得技能溢价下降。但是式（3.27）表明，贸易开放将导致技术落后国家的技能溢价上升。也就是说，如果考虑创新的竞争效应时，由于落后国家在高技能产业不具优势，落后国家会将更多的创新集中于中等技能产业。

3.3　小结

本章分析了南北贸易对技能偏向性技术进步的影响。研究表明，由于发展中国家缺乏完善的产权保护，那么，由于贸易开放并没有增加中等技能劳动相对供给的市场规模效应，而高技能劳动的价格效应更大。所以南北贸易将促进高技能偏向性技术进步和低技能偏向性技术进步。在考虑了国际技术竞争后，研究表明，竞争效应同价格效应对技能偏向性技术进步的影响方向一致，因此，竞争效应使南北贸易对技能偏向性技术进步的影响更大。由于发达国家拥有完善的产权保护，所以发达国家间的贸易促进了高技能偏向性技术进步和中等技能偏向性技术进步。由于国际贸易促进了高技能偏向性技术进步和中等技能偏向性技术进步，劳动力市场出现极化。

　　根据本书的结论，发达国家间贸易会促进高技能偏向性技术进步，而南北贸易由于发展中国家产权保护的强弱对技能偏向性技术进步有所差异。一般而言，发展中国家存在一定程度的产权保护，所以南北贸易促进高技能偏向性技术进步的程度要弱一些。尤其是考虑到南北贸易额较发达国家间贸易额低很多，因此，南北贸易可能较发达国家间贸易对高技能偏向性技术进步的影响弱一些，因而对劳动力市场极化弱一些。本书在第 6 章和第 9 章实证分析比较了南北贸易和发达国家间贸易对高技能偏向性技术进步和劳动力市场极化的影响。实证分析也表明，发达国家间贸易的影响更大一些。

第4章

制度与技能偏向性技术进步

4.1 税收金融政策与技能偏向性技术进步

本章在阿西莫格鲁（2002a）的基础上对模型进行扩展考察税收和金融政策对技能偏向性技术进步的影响。为了分析的方便，本书将上文介绍的三要素模型简化为两要素模型。

4.1.1 模型设定

生产函数为：

$$Y_i = \frac{1}{1-\sigma} L_i^{\sigma} \int_0^{A_i} x_i^{1-\sigma}(j) \, dj, \quad i = R, H \tag{4.1a}$$

$$Y = \left[\lambda Y_H^{\frac{\varepsilon-1}{\varepsilon}} + (1-\lambda) Y_R^{\frac{\varepsilon-1}{\varepsilon}} \right]^{\frac{\varepsilon}{\varepsilon-1}} \tag{4.1b}$$

其中，政府政策包括向中等技能密集型产业征收的税收 τ_R 和利率管制 κ。

4.1.2 产品市场均衡

对中等技能产品征税后，两部门的价格关系为：

$$(1+\tau_R)^{1-\varepsilon} \lambda^{\varepsilon} p_R^{1-\varepsilon} + (1-\lambda)^{\varepsilon} p_H^{1-\varepsilon} \equiv 1 \tag{4.2}$$

$$\frac{p_H}{(1+\tau_R)p_R} = \frac{1-\lambda}{\lambda}\left(\frac{Y_H}{Y_R}\right)^{-\frac{1}{\varepsilon}} \tag{4.3}$$

企业在给定工资和中间品价格的条件下实现利润最大化。利润表达式为：

$$\max_{R,x_R} p_R \frac{1}{1-\sigma} L^\sigma \int_0^{A_R} x_R(j)^{1-\sigma} dj - w_R L - \int_0^{A_R} \chi_R(j) x_R(j)$$

$$\max_{H,x_H} p_H \frac{1}{1-\sigma} L_H^\sigma \int_0^{A_H} x_H(j)^{1-\sigma} dj - w_H H - \int_0^{A_H} \chi_H(j) x_H(j) \tag{4.4}$$

产品厂商为了实现利润最大化，我们可以得到中间品的需求量和工资：

$$x_H(j) = \left(\frac{p_H}{\chi_H(j)}\right)^{\frac{1}{\sigma}} H, x_R(j) = \left(\frac{p_R}{\chi_R(j)}\right)^{\frac{1}{\sigma}} R \tag{4.5}$$

$$w_H = \frac{\sigma}{1-\sigma} p_H \int_0^{A_H} x_H(j)^{1-\sigma} dj H^{\sigma-1}, \quad w_R = \frac{\sigma}{1-\sigma} p_R \int_0^{A_R} x_R(j)^{1-\sigma} dj R^{\sigma-1} \tag{4.6}$$

假设中间品垄断厂商生产 1 单位中间品的边际成本为 $\phi = 1 - \sigma$（阿西莫格鲁，2002a），则中间产品生产商的利润最大化问题为 $\max_{\chi_i(j)} (\chi_i(j) - \phi) x_i(j)$，那么中间品的价格为 $\chi_i = \phi/(1-\sigma) \equiv 1$。因而我们可以得到中间品垄断厂商的利润为：

$$\pi_H = \sigma p_H^{\frac{1}{\sigma}} H, \pi_R = \sigma p_R^{\frac{1}{\sigma}} R \tag{4.7}$$

从式（4.7）可知，两部门每个中间品所获的利润相同，因为每个部门所需的每种中间品数量是相同的。根据式（4.3）和式（4.5），我们可以得到新的生产函数：

$$Y_H = \frac{1}{1-\sigma} A_H p_H^{\frac{1-\sigma}{\sigma}} H, Y_R = \frac{1}{1-\sigma} A_R p_R^{\frac{1-\sigma}{\sigma}} R \tag{4.8}$$

再根据类似式（4.6）和式（4.8），我们可以得到两部门产品的相对价格：

$$\frac{p_H}{p_R} = (1+\tau_R)^{\frac{\sigma\varepsilon}{\eta}} \left(\frac{1-\lambda}{\lambda}\right)^{\frac{\sigma\varepsilon}{\eta}} \left(\frac{A_H}{A_R} \frac{H}{R}\right)^{-\frac{\sigma}{\eta}} \tag{4.9}$$

根据式（4.6），我们可以得到工资的表达式：

$$w_H = \frac{\sigma}{1-\sigma} p_H^{\frac{1}{\sigma}} A_H, \quad w_R = \frac{\sigma}{1-\sigma} p_R^{\frac{1}{\sigma}} A_R \qquad (4.10)$$

4.1.3　技术市场均衡

我们假设中等技能密集型部门面临的利率 r' 要高于高技能密集型部门的利率 r，即 $r' = \kappa r$，设 $\kappa > 1$。这可以理解为政府为实现特定产业发展而采取的金融抑制政策，政府对高技能密集型产业进行金融政策扶持。在稳态条件下，企业所面临的贴现率等于利率。垄断中间品商生产中间品的市场价值为：

$$V_R = \frac{\pi_R}{\kappa r}, V_H = \frac{\pi_H}{r} \qquad (4.11)$$

假设企业家对新产品创新成功，则会成为中间产品的生产商。因而企业家是否创新取决于创新预期所获得的市场价值与创新成本的比较。假设创新需要雇用科学家 S，且在创新的过程中存在技术外溢效应。同上文的相比，这里假设技术外溢效应较强，在没有科学家增加的情况下，可以保证技术创新持续进行。则创新方程为：

$$\dot{A}_R = \xi_R S_R, \dot{A}_H = \xi_H S_H \qquad (4.12)$$

其中，ξ_i 为创新概率。同上文有所不同，本节假设两部门的创新概率不同。稳态条件下，两部门的技术进步率相同，从而有 $\xi_R S_R / \xi_H S_H$ 为常数。根据科学家市场出清条件，有 $\xi_R S_R^* / \xi_H (1 - S_R^*)$ 为常数。根据该式，我们可以得到稳态条件下两部门科学家的配置比例。如果高技能密集型部门的创新效率较低，因而配置到高技能密集型部门的科学家要多于中等技能密集型部门。式（4.12）表明，要想保持技术进步率在平衡路径下保持正的常数，科学家增长率 g_S 必须和技术进步率 g_A 相同。

根据科研套利条件 $\xi_i V_i - w_S = 0$，有：

$$\xi_H \frac{\sigma p_H^{\frac{1}{\sigma}} H}{r} - w_S = 0, \quad \xi_R \frac{\sigma p_R^{\frac{1}{\sigma}} R}{\kappa r} - w_S = 0 \qquad (4.13)$$

结合式（4.9）和式（4.13），我们可以得到两部门的相对技术水平：

$$\frac{A_H}{A_R} = \left(\frac{1-\lambda}{\lambda}\right)^{\varepsilon} \kappa^{\eta} (1+\tau_R)^{\varepsilon} \left(\frac{\xi_H}{\xi_R}\right)^{\eta} \left(\frac{H}{R}\right)^{\eta-1} \tag{4.14}$$

4.1.4 要素供给的内生化

上文均假设要素供给是外生的，本节参考汉隆（2011）的设定将高技能劳动和中等技能劳动的供给内生化。劳动和资本的供给主要受价格决定：

$$H = \alpha_H w_H^{\beta}, R = \alpha_R w_R^{\beta} \tag{4.15}$$

其中，α_H，α_R 为固定参数；β 为要素供给的价格弹性，弹性越大，要素供给对价格变化的反应越大。相对要素供给为 $H/R = (\alpha_H/\alpha_R)(w_H/w_R)^{\beta}$。根据式（4.9）和式（4.10），有：

$$\frac{w_H}{w_R} = \left(\frac{1-\lambda}{\lambda}\right)^{\frac{\varepsilon}{\eta}} (1+\tau_R)^{\frac{\varepsilon}{\eta}} \left(\frac{A_H}{A_R}\right)^{\frac{\eta-1}{\eta}} \left(\frac{H}{R}\right)^{-\frac{1}{\eta}} \tag{4.16}$$

$$\frac{H}{R} = \left(\frac{\alpha_H}{\alpha_R}\right)^{\frac{\eta}{\eta+\beta}} \left(\frac{1-\lambda}{\lambda}\right)^{\frac{\beta\varepsilon}{\eta+\beta}} (1+\tau_R)^{\frac{\beta\varepsilon}{\eta+\beta}} \left(\frac{A_H}{A_R}\right)^{\frac{\beta(\eta-1)}{\eta+\beta}} \tag{4.17}$$

将该式代入式（3.33），有：

$$\frac{w_H}{w_R} = \left(\frac{1-\lambda}{\lambda}\right)^{\frac{\varepsilon}{\eta+\beta}} \left(\frac{\alpha_H}{\alpha_R}\right)^{-\frac{1}{\eta+\beta}} (1+\tau_R)^{\frac{\varepsilon}{\eta+\beta}} \left(\frac{A_H}{A_R}\right)^{\frac{\eta-1}{\eta+\beta}} \tag{4.18}$$

将式（4.17）代入式（4.14），我们可以得到稳态条件下的相对技术水平：

$$\frac{A_H}{A_R} = \left(\frac{1-\lambda}{\lambda}\right)^{\frac{\varepsilon(1+\beta)}{1-\beta\eta+2\beta}} \kappa^{\frac{\eta+\beta}{1-\beta\eta+2\beta}} (1+\tau_R)^{\frac{\varepsilon(1+\beta)}{1-\beta\eta+2\beta}} \left(\frac{\xi_H}{\xi_R}\right)^{\frac{\eta+\beta}{1-\beta\eta+2\beta}} \left(\frac{\alpha_H}{\alpha_R}\right)^{\frac{(\eta-1)}{1-\beta\eta+2\beta}} \tag{4.19}$$

将式（4.19）代入式（4.17）和式（4.18），我们可以得到稳态条件下的相对要素供给和相对要素价格：

$$\frac{H}{R} = \left(\frac{\alpha_H}{\alpha_R}\right)^{\frac{1}{2\beta+1-\beta\eta}} \left(\frac{1-\lambda}{\lambda}\right)^{\frac{\varepsilon\beta}{2\beta+1-\beta\eta}} (1-\tau_R)^{\frac{\varepsilon\beta}{2\beta+1-\beta\eta}} \kappa^{\frac{\beta(\eta-1)}{2\beta+1-\beta\eta}} \left(\frac{\xi_H}{\xi_R}\right)^{\frac{\beta(\eta-1)}{2\beta+1-\beta\eta}} \tag{4.20}$$

$$\frac{w_H}{w_R} = \left(\frac{1-\lambda}{\lambda}\right)^{\frac{\varepsilon}{2\beta+1-\beta\eta}} \left(\frac{\alpha_H}{\alpha_R}\right)^{\frac{\eta-2}{2\beta+1-\beta\eta}} (1+\tau_R)^{\frac{\varepsilon}{2\beta+1-\beta\eta}} \kappa^{\frac{\eta-1}{2\beta+1-\beta\eta}} \left(\frac{\xi_H}{\xi_R}\right)^{\frac{\eta-1}{(2\beta+1-\beta\eta)}} \tag{4.21}$$

式（4.19）表明，要判断税收 τ_R、创新效率 ξ_H 和金融抑制 κ 对相对技术进步的影响，我们需要判断 $2\beta + 1 - \beta\eta$ 大于 0 或小于 0 的条件。可以看出，当 $\eta < 2 + \dfrac{1}{\beta}$ 时，有 $2\beta + 1 - \beta\eta > 0$。因此，当高技能劳动和中等技能劳动的替代弹性小于 $2 + \dfrac{1}{\beta}$ 时，增加金融市场抑制程度、提高中等技能密集型产业的税率、提高高技能密集型产业的创新效率均能够促进高技能增强型技术进步。而当替代弹性大于这一临界值时，这些措施反而会促进中等技能增强型技术进步。一般而言，要素的替代弹性随经济发展程度的提高而提高，杜费和帕友（Duffy and Papageorgiou，2000）以及弥亚和帕友（Miyagiwa and Papageorgiou，2003）研究表明，越是贫穷的国家，高技能劳动和低技能劳动的替代弹性越低（小于 1），而发展程度较高的国家，要素替代弹性越大，且普遍大于 1[①]。要素供给的价格弹性也有类似的性质。所以根据式（4.19）的逻辑，我们可以得出以下结论：对发展程度较低的国家，由于要素替代弹性和价格弹性较低，政府通过金融抑制和税收政策能够促进高技能密集型产业的相对技术水平。但是随着经济的发展，要素替代弹性和价格弹性越来越大，政府政策的效力会逐渐减弱。根据实证经验表明，替代弹性 η 大于 1（卡茨和墨菲，1992），因此，我们在本书中假设 $2\beta + 1 - \beta\eta > 0$。

根据式（4.12）和式（4.19），我们可以得到稳态条件下科学家在两部门间的配置：

$$\frac{\bar{S} - S_R^*}{S_R^*} = \left(\frac{1-\lambda}{\lambda}\right)^{\frac{\varepsilon(1+\beta)}{2\beta+1-\beta\eta}} \kappa^{\frac{\eta+\beta}{2\beta+1-\beta\eta}} (1+\tau_R)^{\frac{\varepsilon(1+\beta)}{2\beta+1-\beta\eta}} \left(\frac{\xi_H}{\xi_L}\right)^{\frac{(\eta-1)(\beta+1)}{2\beta+1-\beta\eta}} \left(\frac{\alpha_H}{\alpha_R}\right)^{\frac{\eta-1}{2\beta+1-\beta\eta}}$$

$$(4.22)$$

式（4.12）表明，经济中不存在知识的外溢和规模效应，因而稳态下的技术进步率 g_A 只取决于科学家的增长率，且该增长率不受税收的影响。那么，我们可以根据式（4.12）和式（4.22）得到时刻 t 的技术水平（为了书写方便，我们在公式中去掉了时间标识）：

---

① 希克斯（1932）研究表明，要素替代弹性主要取决于 4 个因素：部门内要素替代弹性、部门间要素替代弹性、商品间替代弹性和技术创新。这 4 个因素越大，总要素替代弹性也越大。

$$A_R = \frac{\xi_R}{g_A} \bar{S} \left(\left(\frac{1-\lambda}{\lambda} \right)^{\frac{\varepsilon(1+\beta)}{2\beta+1-\beta\eta}} \kappa^{\frac{\eta+\beta}{2\beta+1-\beta\eta}} (1+\tau_R)^{\frac{\varepsilon(1+\beta)}{2\beta+1-\beta\eta}} \left(\frac{\xi_H}{\xi_R} \right)^{\frac{(\eta-1)(\beta+1)}{2\beta+1-\beta\eta}} \left(\frac{\alpha_H}{\alpha_R} \right)^{\frac{\eta-1}{2\beta+1-\beta\eta}} + 1 \right)^{-1}$$

$$\text{(4.23a)}$$

$$A_H = \frac{\xi_H}{g_A} \bar{S} \left[\left(\left(\frac{1-\lambda}{\lambda} \right)^{\frac{\varepsilon(1+\beta)}{2\beta+1-\beta\eta}} \kappa^{\frac{\eta+\beta}{2\beta+1-\beta\eta}} (1+\tau_R)^{\frac{\varepsilon(1+\beta)}{2\beta+1-\beta\eta}} \left(\frac{\xi_H}{\xi_R} \right)^{\frac{(\eta-1)(\beta+1)}{2\beta+1-\beta\eta}} \right. \right.$$

$$\left. \left. \left(\frac{\alpha_H}{\alpha_R} \right)^{\frac{\eta-1}{2\beta+1-\beta\eta}} + 1 \right)^{-1} + 1 \right]^{-1}$$

$$\text{(4.23b)}$$

式（4.23）表明，提高税收 τ_R 将提升高技能产业的技术水平，降低中等技能产业的技术水平。同时对上述两式求导，有如下关系式：

$$(\Delta A_R / \Delta \tau_R) / (\Delta A_H / \Delta \tau_R) = -\xi_R / \xi_H$$

可见，提高税率对相对技术水平变化的影响取决于两个产业的创新效率。如果创新效率相同，中等技能产业技术水平的下降幅度等于高技能产业技术水平的上升幅度。但是，如果发展中国家高技能密集型产业的技术创新效率较低，则高技能产业技术水平的上升幅度要低于中等技能产业技术水平的下降幅度。发展中国家的中等技能劳动的供给要高于高技能劳动。因此，如果发展中国家为了实施赶超战略保护高技能产业，提高中等技能产业的税率将会扭曲发展中国家的技术结构。尤其是在高技能产业的创新效率很低的情况下，技术结构会更加偏离最优技术结构。[1]

如果发达国家高技能密集型产业的技术创新效率高于中等技能密集型产业的技术创新效率，对中等技能产业征税提高高技能产业的技术水平的幅度高于中等技能产业技术水平的下降幅度。

根据式（4.23），金融扶持政策对技能偏向性技术进步的影响同税收类似，这里不再详述。稳态条件下，产品价格为常数，因此，工资增长率等于技术进步率，进而劳动供给的增长率为 βg_A 如式（4.16）所示。所以总产出的增长率为 $(1+\beta)g_A$，而人均产出的增长率等于技术进步率 g_A。可见，税收只影响水平变量，但不影响增长率变量。

根据式（4.5）式（4.10）式（4.19）和式（4.20），可以得到两部门

---

[1] 最优技术结构由税率 τ_R 为 0 和 κ 为 1 时的式（4.14）或式（4.19）决定。也就是说，技术结构主要取决于本国的要素禀赋结构。

稳态条件下的价格水平：

$$p_R = \frac{1}{1+\tau_R}\left(\lambda^\varepsilon + (1-\lambda)^\varepsilon\left(\left(\frac{1-\lambda}{\lambda}\right)^{-\frac{\sigma\varepsilon\beta}{2\beta+1-\beta\eta}}\left(\frac{\alpha_H}{\alpha_R}\right)^{-\frac{\sigma}{2\beta+1-\beta\eta}}\right.\right.$$

$$\left.\left.(1+\tau_R)^{-\frac{\beta+1+\beta\sigma}{2\beta+1-\beta\eta}}\left(\frac{\kappa\xi_H}{\xi_R}\right)^{-\frac{\sigma(\beta+1)}{2\beta+1-\beta\eta}}\right)^{1-\varepsilon}\right)^{\frac{1}{\varepsilon-1}} \tag{4.24}$$

高技能密集型产业的价格水平可以由式（4.5）和式（4.24）推出。式（4.24）表明，提高中等技能密集型产业的税收，增加对中等技能密集型产业的金融歧视都会提高中等技能密集型产品的价格。

4.2 制度质量与技能偏向性技术进步

尽管制度对于技术进步和经济增长的重要性已经得到广泛的共识（诺斯，1990；恩戈尔曼和斯科洛夫（Engerman and Skoloff，2000）。泰巴尔迪和艾尔姆斯（2008）以产品多样化模型为基础研究制度约束对技术进步的影响。如果制度质量大于产品种类数，则技术进步不会受到约束。如果制度质量小于产品种类数，则现行制度就是技术进步的极限。因此，制度演进是技术进步的前提。

本书以泰巴尔迪和艾尔姆斯（2008）和阿西莫格鲁（1998，2002a）的研究为基础，建立一个种类扩张的内生增长模型分析制度约束对技能偏向性技术进步的影响。我们假设一个经济体存在两个部门：高技能产业部门和中等技能产业部门。每个部门均会进行新技术的研发，但要受到制度约束。根据阿吉翁、阿克希特和霍伊特（2013）的研究，本书假设高技能密集型产业研发新技术所要求的制度质量要高于中等技能密集型产业。我们假设每一种中间品只有一个厂商生产。总产品的生产函数依然为式（4.1b），部门产品的生产函数为：

$$Y_i = \frac{1}{1-\sigma}L_i^\sigma\int_0^{\min(\varphi I, A_i)} x_i^{1-\sigma}(j)\,dj, i = R, H \tag{4.25}$$

其中，I 为企业面临的制度约束。$\varphi \in (0, 1)$ 为一个调整参数，用来表示制度约束对新技术研发的重要性。φ 越大，说明制度对新技术研发的约束越大。式 (4.25) 表明，如果 $\varphi I > A_i$，说明制度约束不会对技术创新形成约束，模型的结果同第 2 章类似。如果 $\varphi I < A_i$，制度对技术创新形成约束，即使采用了新技术，经济也不能完全获得新技术带来的收益。因而式 (4.25) 变为下式：

$$Y_i = \frac{1}{1-\sigma} L_i^\sigma \int_0^{\varphi I} x_i^{1-\sigma}(j) \, dj, i = R, H \qquad (4.26)$$

根据阿吉翁、阿克希特和霍伊特 (2013) 的研究，制度对前沿技术的创新影响更大，因此，假设制度对高技能产业部门形成约束，但不会对中等技能部门形成约束，即 $A_R \leqslant \varphi I \leqslant A_H$，则两部门的生产函数为：

$$Y_H = \frac{1}{1-\sigma} L_H^\sigma \int_0^{\varphi I} x_H^{1-\sigma}(j) \, dj$$

$$Y_R = \frac{1}{1-\sigma} L_R^\sigma \int_0^{A_R} x_R^{1-\sigma}(j) \, dj \qquad (4.27)$$

4.2.1 生产者均衡

类似第 4.1 节，我们将最终产品价格标准化为 1，高技能部门和中等技能部门的产品价格分别为 p_H 和 p_R。假设中间品价格分别为 χ_H 和 χ_R。

根据式 (4.7)，产品厂商为了实现利润最大化，我们可以得到中间品的需求量和工资：

$$x_i(j) = \left(\frac{p_i}{\chi_i}\right)^{\frac{1}{\sigma}}, i = R, H \qquad (4.28)$$

$$w_H = \frac{\sigma}{1-\sigma} p_H L_H^{\sigma-1} \int_0^{\varphi I} x_H(j)^{1-\sigma} \, dj, w_R = \frac{\sigma}{1-\sigma} p_R L_R^{\sigma-1} \int_0^{A_R} x_R(j)^{1-\sigma} \, dj$$

$$(4.29)$$

假设中间品垄断厂商生产 1 单位中间品的边际成本为 $\phi = 1 - \sigma$[①]，则中间产品生产商的利润最大化问题为式 (4.10)，那么中间品的价格 $\chi_i = \phi /(1-\sigma) \equiv 1$。因而我们可以得到中间品垄断厂商的利润为：

---

① 本书假设中间品的边际成本 $\phi = 1 - \sigma$，借鉴于阿西莫格鲁 (2002a)。

$$\pi_i = \sigma p_i^{\frac{1}{\sigma}} L_i \tag{4.30}$$

从式（4.30）可知，两部门每个中间品所获的利润相同，因为每个部门所需的每种中间品数量是相同的。根据式（4.27）和式（4.28），我们可以得到新的生产函数：

$$Y_H = \frac{1}{1-\sigma} \varphi I p_H^{\frac{1-\sigma}{\sigma}} L_H, \quad Y_R = \frac{1}{1-\sigma} A_R p_R^{\frac{1-\sigma}{\sigma}} L_R \tag{4.31}$$

再根据式（4.6），我们可以得到两部门产品的相对价格：

$$\frac{p_H}{p_R} = \left(\frac{1-\lambda}{\lambda}\right)^{\frac{\sigma\varepsilon}{\eta}} \left(\frac{\varphi I}{A_R}\right)^{-\frac{\sigma}{\eta}} \left(\frac{L_H}{L_R}\right)^{-\frac{\sigma}{\eta}} \tag{4.32}$$

根据泰巴尔迪和艾尔姆斯（2008）的研究，设 τ 表示制度阻碍新产品采用的时间延迟，当制度演进到能够容纳高技能新产品使用时，中间品生产商才会生产新的中间品。由于制度不对中等技能部门研发采用新技术形成约束，即 $\varphi I > A_R$，所以一旦中等技能部门研发出新产品，既可以用于生产中等技能密集型产品。因而我们可以得到两部门生产中间品的利润流的贴现值：

$$V_H = \int_\tau^{+\infty} \pi_H e^{-rt} dt = \frac{\pi_H}{r e^{r\tau}}, \quad V_R = \int_0^{+\infty} \pi_R e^{-rt} dt = \frac{\pi_R}{r} \tag{4.33}$$

式（4.33）表明，延迟时间越长，高技能中间品厂商的价值越低。制度障碍越高，延迟时间越长，研发企业进行新产品或新技术研发的激励就越弱。而中等技能产业部门不会受到制度约束的影响。

将式（4.30）式（4.32）代入式（4.33），可以得到两部门中间品厂商的相对价值：

$$\frac{V_H}{V_R} = \left(\frac{1-\lambda}{\lambda}\right)^{\frac{\varepsilon}{\eta}} \frac{1}{e^{r\tau}} \left(\frac{\varphi I}{A_R}\right)^{-\frac{1}{\eta}} \left(\frac{L_H}{L_R}\right)^{-\frac{\eta-1}{\eta}} \tag{4.34}$$

其中，$\eta = \varepsilon\sigma - \sigma + 1$ 为高技能劳动和中等技能劳动之间的替代弹性。当替代弹性大于 1 时，高技能劳动的相对供给上升，将会提升高技能中间品的市场价值。此时，高技能劳动供给带来的市场规模效应大于价格效应，研发企业会有更大的激励去研发高技能增强型技术或新产品。

4.2.2 研发市场均衡

在第 2 章中，研发投入为最终产品，因而没有考虑技术的外溢效应。本节考虑技术的外溢效应，并借鉴泰巴尔迪和艾尔姆斯（2008）假设制度质量是技术进步的一个重要影响因素。借鉴阿西莫格鲁（2009）关于技术进步动态的设定。那么技术进步的表达式为：

$$\dot{A}_i = b_i \xi(S_i) S_i A_i^{\vartheta} q(I, A_i) - \delta A_i \tag{4.35}$$

其中，b_i 为生产率参数；S_i 为从事研发 i 部门中间品的科学家，因而有市场出清条件：$S_L + S_H = \bar{S}$。$\xi(S_i)$ 为研发成功概率，$\xi'(S_i) < 0$ 表示研发投入的边际报酬递减，但是 $\xi'(S_i)S_i + \xi(S_i) > 0$。$\delta$ 表示中间品种类以 δ 的速度消失。$q(I, A_i)$ 表示制度质量，$\partial q/\partial I > 0$。良好的制度有利于知识产权保护，促进思想的传播和研究人员之间的合作，减少创新过程的不确定性，这些都有利于促进创新（泰巴尔迪和艾尔姆斯，2008）。进一步地，我们假设 $\partial q/\partial A_i < 0$。这意味着，如果制度不能适应技术进步的水平，制度质量就会下降。我们设 $q(I, A_i) = (\varphi I/A_i)^{\sigma}$。因而式（4.35）可变为：

$$\dot{A}_i = b_i \xi(S_i) S_i A_i^{\vartheta - \sigma} (\varphi I)^{\sigma} - \delta A_i \tag{4.36}$$

其中，我们假设 $\vartheta > \sigma$。潜在的中间品厂商生产中间品取决于其所获利润的贴现值与用于生产中间品的技术的购买成本。如果贴现值小于购买成本，则中间品生产商会停止生产。由于我们假设研发市场可以自由进出，所以研发新技术的边际成本等于新技术的价格，也等于中间品利润的贴现值。我们假设研发新技术的边际成本为 w_s，即科学家的工资。则有市场出清条件：

$$b_i \xi(S_i) A_i^{\vartheta - \sigma} (\phi I)^{\sigma} V_i - w_s = 0 \tag{4.37}$$

在高技能存在制度约束的情况下，高技能增强型技术进步最终会提高到制度所允许的水平，即 $A_H = \varphi I$。所以当 $A_H \leqslant \varphi I$ 时相对技术水平为：

$$\frac{A_H}{A_R} = \left(\frac{1-\lambda}{\lambda}\right)^{\frac{\varepsilon}{\sigma \eta - \vartheta \eta + 1}} \left(\frac{1}{e^{r\tau}} \frac{b_H \xi(S_H^*)}{b_R \xi(S_R^*)}\right)^{\frac{\eta}{\sigma \eta - \vartheta \eta + 1}} \left(\frac{L_H}{L_R}\right)^{\frac{\eta - 1}{\sigma \eta - \vartheta \eta + 1}} \tag{4.38}$$

可以证明，如果 $1 + \sigma \eta - \vartheta \eta < 0$，经济系统是不稳定的。因而我们假设

$1 + \sigma\eta - \vartheta\eta > 0$，即 $\eta < 1/(\vartheta - \sigma)$，此时经济系统存在唯一的均衡路径。

S_i^* 为平衡增长路径下科学家在两个部门间的配置。平衡增长路径下，两个部门的技术进步率相同，即 $\dot{A}_R/A_R = \dot{A}_H/A_H = g$。从而根据式（4.35）有：

$$\frac{S_H^*}{S_R^*} = \left(\frac{1-\lambda}{\lambda}\right)^{\frac{\varepsilon(1+\sigma-\vartheta)}{\sigma\eta-\vartheta\eta+1}} (e^{rr})^{\frac{\eta(\vartheta-\sigma-1)}{\sigma\eta-\vartheta\eta+1}} \left(\frac{b_H\xi(S_H^*)}{b_R\xi(S_R^*)}\right)^{\frac{\eta-1}{\sigma\eta-\vartheta\eta+1}} \left(\frac{L_H}{L_R}\right)^{\frac{(\eta-1)(1+\sigma-\vartheta)}{\sigma\eta-\vartheta\eta+1}}$$

$$(4.39)$$

根据式（4.39），我们可以得到技能溢价的表达式：

$$\frac{w_H}{w_R} = \left(\frac{1-\lambda}{\lambda}\right)^{\frac{\varepsilon(\sigma-\vartheta+1)}{\sigma\eta-\vartheta\eta+1}} \left(\frac{b_H\xi(S_H^*)}{e^{rr}b_R\xi(S_R^*)}\right)^{\frac{\eta-1}{\sigma\eta-\vartheta\eta+1}} \left(\frac{L_H}{L_R}\right)^{\frac{\eta-2-\sigma+\vartheta}{\sigma\eta-\vartheta\eta+1}} \quad (4.40)$$

从式（4.38）和式（4.40）我们可以得到以下结论。当高技能劳动和中等技能劳动的替代弹性大于 1 时，高技能劳动相对供给上升会促进高技能增强型技术进步。不过同第 2 章的结论相比，技术的外溢效应扩大了这一效应。ϑ 越高，技术外溢效应越强。制度约束削弱了高技能劳动供给上升对高技能增强型技术进步的影响。原因在于 $\partial q/\partial A_i < 0$，高技能劳动上升促进高技能增强型技术进步的同时，也降低了制度质量。式（4.40）表明，由于 $\vartheta > \sigma$，同第 2 章的结论相比，高技能劳动和中等技能劳动的替代弹性不必大于 2 即可保证相对劳动供给和技能溢价的正相关关系。

4.2.3 制度质量与经济增长

当高技能部门的技术进步达到现有制度水平时，高技能增强型技术进步变为常数。根据式（4.36）$g_H = 0$，因而有：

$$b_H\xi(S_H^*) S_H^* (A_H^*)^{\vartheta-\sigma-1} (\varphi I)^\sigma - \delta = 0 \quad (4.41)$$

式（4.41）表明，要保持高技能产业部门保持 $A_H^* = \varphi I$ 的水平，必须继续雇用 S_H^* 的科学家从事研发。因而我们根据科学家市场出清条件 $\bar{S} = S_H^* + S_R^*$ 得到中等技能产业部门的技术进步率：

$$g = \frac{\dot{A}_R}{A_R} = b_R\xi(\bar{S} - S_H^*) A_R^{\vartheta-\sigma-1} (\varphi I)^\sigma - \delta \quad (4.42)$$

在高技能产业部门发展存在"瓶颈"的时候，经济增长率将取决于中等技能产业部门，此时只存在中等技能增强型技术进步。由于 $\vartheta - \sigma - 1 < 0$，从式（4.42）可知，随着中等技能增强型技术水平的上升，中等技能产业部门的技术进步率会下降。当中等技能产业部门的技术进步达到制度约束水平时，技术进步率为 0，即：

$$b_R \xi (\bar{S} - S_H^*) A_R^{\vartheta - \sigma - 1} (\varphi I)^\sigma - \delta = 0 \tag{4.43}$$

此时，两个部门所雇用的科学家有可能低于科学家的总供给。根据式（4.36）和式（4.42），当 $\vartheta < 1$ 时，即使不存在制度约束，经济增长也不具有可持续性，因为此时不存在规模效应（scale effect）。要使经济增长保持不变的速度，科学家必须以速度 n 增长。那么根据式（4.36），此时平衡增长路径下的经济增长率为：

$$g = g_A = \frac{n}{1 + \sigma - \vartheta} \tag{4.44}$$

同第 2 章相比，此时的经济增长率不取决于高技能劳动或中等技能劳动的水平效应，而只取决于它们的增长速度。制度约束也会导致经济增长率下降（无制度约束下的经济增长率为 $n/(1 - \vartheta)$）。

4.2.4 制度演进与经济增长

上文的分析中，我们假设制度不存在演进。当 $A_i \leqslant \varphi I$ 时，制度不会对技术进步存在硬约束，但依然对技术进步存在影响，如式（4.37）。现在，我们考虑制度演进对技术进步和经济增长的影响。借鉴泰巴尔迪和艾尔姆斯（2008）的研究，假设制度演进的方程为：

$$I(t) = I(0) e^{mt} \tag{4.45}$$

式（4.45）意味着制度演进具有路径依赖。一旦初始制度确定了，就会对将来的制度演进路径形成约束，而且这种影响较为持久。但不影响制度演进的速度 m，因而初始制度只对制度质量有水平效应而无增长效应（泰巴尔迪和艾尔姆斯，2008）。

$$g_A = \frac{n + \sigma m}{1 + \sigma - \vartheta} \tag{4.46}$$

同式（4.44）相比，当制度存在演进的情况下，制度质量的提升更有利于技术创新，因而技术进步速度会提高。当 $0 < m < g_A$ 时，制度演进的速度低于技术进步的速度。在这个区间内，技术水平最终会达到制度水平 φI，进而对技术进步产生硬约束，经济增长速度最终会趋于 0。当 $m = g_A$ 时，制度对技术进步的约束效应与制度演进对技术进步的促进作用相互抵消，因而制度不会对技术进步和经济增长产生影响，此时的技术进步率为 $g_A = n/(1 - \vartheta)$。当 $m > g_A$ 时，制度演进不仅能够完全适应技术创新对制度环境的要求，而且还能进一步促进技术创新。

4.3　小结

本章的分析表明，对高技能产品进行减税或金融扶持将会促进高技能偏向性技术进步，进而提高高技能劳动的相对工资。但随着高技能产品和中等技能产品替代弹性的上升，减税或金融扶持政策对促进高技能偏向性技术进步的效果会减弱。制度质量对高技能产业部门存在更大的影响或约束，所以制度质量的提升将促进高技能偏向性技术进步。但是高技能偏向性技术进步会制约现有制度的有效运行，即降低现有制度的制度质量。因此，为使高技能偏向性技术不断进步，需要制度不断向好的方向演进。

第二部分
实证分析

实证分析部分包括第5章、第6章、第7章、第8章和第9章。前三章实证分析劳动禀赋结构、国际贸易和制度质量对技能偏向性技术进步的影响；后两章分析技能偏向性技术进步、国际贸易对劳动力市场极化的影响，并比较了这两个影响因素对劳动力市场极化影响的大小。

第 5 章

劳动禀赋结构与技能偏向性
技术进步实证研究

本章以第 2 章为理论基础，分析了技术前沿国家劳动力市场极化背景下的劳动禀赋结构对技能偏向性技术进步的影响。本书的结论为劳动力市场极化提供了支持证据，也可为研究中国就业极化的研究提供借鉴。

5.1 引言

第 2 章分析表明，如果高技能劳动和中等技能劳动存在替代关系，高技能劳动和低技能劳动存在互补关系，高技能劳动的相对供给上升将促进高技能偏向性技术进步，从而提高了对高技能劳动和低技能劳动的需求，减少了中等技能劳动的需求。因此，促进了就业极化。本章利用 OECD 国家的经验数据证实了这一理论。本书的目的在于为劳动力市场极化提供一个技能偏向性技术进步的理论和经验基础。

本章补充了研究偏向性技术进步原因的经验文献。多姆斯和刘易斯（Doms and Lewis，2006）研究了高技能劳动对美国计算机普及率的影响。汉隆（2011）研究了第一次工业革命时期海外羊毛供给对英国棉纺织业技术创新的影响。同本书较接近的文献是奥特尔和多恩（2012），该文以劳动力市场极化为背景研究了中等技能劳动对计算机普及率的影响，并证实了技能偏向性技术进步是劳动力市场极化的主要原因。

5.2 实证研究

5.2.1 模型设定

根据第二部分模型的推导结果，对式（2.13）取对数，即可得到计量模型的设定形式：

$$ITP_{jt} = \alpha_0 + \alpha_1 HR_{jt} + \alpha_2 HM_{jt} + \alpha_3 X_{jt} + \varepsilon_{jt} \qquad (5.1)$$

其中，ITP_{jt} 表示高技能产业的相对技术水平（高技能增强型技术进步）；[1] HR_{jt} 表示高技能劳动与中等技能劳动的比例；HM_{jt} 表示高技能劳动与低技能劳动的比例；X_{jt} 表示一组控制变量向量；ε_{jt} 表示不可观察因素以及度量误差。

根据人力资本的特点，初始人力资本存量较高的地区创新或采用新技术的可能性也越高（多姆斯和刘易斯，2006），而且劳动供给变化对企业的技术研发可能存在滞后。因此，选择滞后 1 期的 HR_{t-1} 和 HM_{t-1} 替代水平变量，式（5.1）的估计方程变为：

$$ITP_{jt} = \alpha_0 + \alpha_1 HR_{j,t-1} + \alpha_2 HM_{j,t-1} + \alpha_3 X_{jt} + \varepsilon_{jt} \qquad (5.2)$$

控制变量包括贸易开放度和外包指数，这两个指标用来控制全球化对技能偏向性技术进步的影响。还有一个影响技术进步的因素为技术外溢。理论研究表明，技术外溢的存在会降低创新的成本，进而促进新技术的研发和利用。技术外溢的一个重要途径是信息技术人才的流动。因此。信息产业的规模越大，信息技术外溢的程度可能越高。借鉴多姆斯和刘易斯（2006）的研究，利用选择 IT 服务业（如软件产业）的工人占总劳动的比例作为技术外溢的代理变量。鉴于资本技能的互补性，资本深化增加了对技能劳动的需求，从而产生技能偏向性技术进步（甘斯和邦戈理，2008），因此，增加资本劳动比作为控制变量。

如上面对式（5.1）的分析，技能偏向性技术进步会反过来影响劳动需

---

[1] 如无特别说明，下文提及的技能偏向性技术进步特指高技能偏向性技术进步。鉴于技能增强型技术进步与技能偏向性技术进步的关系，在分析高技能劳动与低技能劳动的互补关系时，将特别区分高技能偏向性技术进步和低技能偏向性技术进步。

求。因此，式（5.2）可能解释变量与被解释变量间的互为因果关系，即内生性。解决内生性问题需要找到内生变量的工具变量。工具变量必须满足两个条件：一是工具变量与残差项不相关；二是工具变量与内生变量相关。有了这两个条件，我们找到的工具变量即不会受到残差项的影响，也不会受到被解释变量的反向作用。而工具变量则可以通过内生变量这种间接方式影响被解释变量。本书选择内生变量 HR 和 HM 的滞后一期作为工具变量。式（5.2）有两个内生变量，两个工具变量。因而模型是恰好识别的，无须进行过度识别经验。采用两阶段最小二乘法（2SLS）进行估计。根据图 1.1 劳动力市场的变化，将样本期分为 1970 ~ 1990 年和 1990 ~ 2007 年。

5.2.2　变量选择与数据说明

准确衡量技能偏向性技术进步在实际操作中存在不少困难，因此，衡量指标也有很多种。

首先，利用资本价格指数衡量技能偏向性技术进步。卡塞里（Caselli, 2012）采用资本价格指数作为技能偏向性技术进步指标研究了贸易诱导的技能偏向性技术进步。但是，如奥特尔和多恩（2012）的劳动力市场极化理论研究，制造业属于中等技能行业。所以，制造业（资本）的扩张主要提高了中等技能劳动的需求，不一定提高高技能劳动的需求。随着信息技术的进步，资本价格不断下降，因而提高了企业对资本的需求。因此，鉴于资本—技能互补或低替代性，资本价格下降提高了对高技能劳动的相对需求，资本价格指数下降体现了技能偏向性技术进步。因此，为了进一步体现高技能偏向性技术进步的特性，即信息技术与高技能偏向性技术进步的相关性，本书采用 1970 ~ 2007 年 IT 资本价格指数作为技能偏向性技术进步的指标。[①] 数据样本为 OECD14 个国家，包括美国、英国、澳大利亚、加拿大、意大利、西班牙、德国、法国、丹麦、瑞典、奥地利、荷兰和日本。

[①]　已有文献普遍采用信息技术进步类指标作为技能偏向性技术进步的代理指标。例如 Autor and Dorn（2012）等文献采用计算机拥有率作为技能偏向性技术进步的指标，而迈克尔斯等（Michaels 等, 2010）采用信息技术资本作为技能偏向性技术进步的指标。另外，甘斯和邦戈理（2008）考察资本深化对技能偏向性技术进步的影响。同时，也有一些文献利用资本价格指数作为资本偏向性技术进步的指标。因此，一些文献基于资本—技能互补，利用资本价格指数作为技能偏向性技术进步的指标，如 Caselli（2012）。

数据来源于 EU KLEMS。[①]

其次，鉴于计算机与高技能劳动的互补性，计算机普及率上升会提高对高技能劳动的需求。因此，计算机普及率被当作技能偏向性技术进步的衡量指标（奥特尔和多恩，2012）。本书在稳健性检验中采用该指标。

最后，利用专利数量和研发投入衡量技能偏向性技术进步。汉隆（2011）分析了第一次工业革命时期羊毛供给对英国棉纺织业技术创新的影响。该方法要求较大的数据量，不适合对整个经济进行分析，而更适合分析某个产业技术进步的方向。研发投入虽然能在一定程度上表明技术进步的程度和质量，但不容易区别技术进步的方向，除非企业能够提供非常翔实的研发数据。

根据奥特尔和多恩（2012）的研究，按照技能水平的高低将全部产业分为三类：低技能产业、中等技能产业和高技能产业。对应的劳动为低技能劳动、中等技能劳动和高技能劳动，本书以此作为劳动禀赋结构的计算指标。为了使跨国数据具有可比性，去掉了农业和政府部门。数据来源于 EU KLEMS。

我们按表 5.1 的产业分类和美国经济分析局的产业增加值和就业数据绘制了图 5.1 和图 5.2。图 5.1 显示，1947 年以后，高技能产业增加值份额上升幅

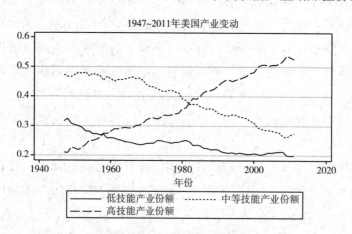

图 5.1 美国各产业的增加值份额

资料来源：美国经济分析局（Bureau of Economic Analysis, USA）。

---

① 如无特别说明，下文欧美国家劳动力市场数据和 IT 资本价格指数等数据均来源于 EU KLEMS 数据库。该数据库的全称为 EU KLEMS Growth and Productivity Accounts，由欧盟委员会（European Commission）资助，包含了 1970 年以来欧盟国家和其他发达国家产业层面的经济增长、生产率、就业、资本和技术进步方面的数据，见 http://www.euklems.net。

度较大，从 21% 上升到 52%。中等技能产业增加值份额下降较大，从 1947 年的 47% 下降到 2011 年的 27%。低技能产业增加值份额从 1947 年的 31% 下降到 2011 年的 20%，下降幅度较中等技能产业较小。其中，20 世纪 70 年代和 2002～2008 年间，低技能产业份额有轻微上升。图 5.2 显示，三大产业的就业份额走势同增加值走势相似。不同的是，低技能产业的就业份额从 20 世纪 90 年代就开始上升，同图 1.1 的走势类似。与职业两极化对应的是高技能和低技能产业的扩张，中等技能产业的收缩。

表 5.1　　　　　　　　　　　　　**美国按技能分类产业**

三大产业	对应的细分行业
低技能密集型产业	交通、建筑、采掘业、农业和低技能服务业
中等技能密集型产业	制造业和零售
高技能密集型产业	管理与商务服务、教育、医疗和社会服务、信息技术和金融

资料来源：奥特尔和多恩，2012。

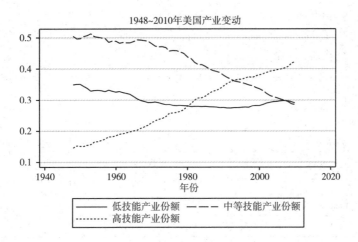

图 5.2　美国各产业的就业份额

资料来源：美国经济分析局（Bureau of Economic Analysis, USA）。

衡量外包的指标包括对外直接投资、进口占 GDP 比重和中间品进口占总进口的比重等（古斯、马宁和萨洛蒙斯，2009）。近年来很多文献采用"外包可能性"（offshorability）作为外包指标。本书根据 European Restructuring Monitor 数据库 2003～2012 年间的外包数据，将外包案例数标准化作为外包可能性指数。如表 5.2 所示，制造业的外包可能性远高于其他行业，10 年间发生了 567 件外包案例，为金融服务业、信息通信技术等。但是该指标不随时间变化，不能直接用于本书计量模型的估计。因此，我们以（总对外直接投资额—矿业对外直接投资额）/GDP 作为衡量外包可能性指数的代理指标。选用该代理指标的原因在于，通过比较外包指数和代表性国家美国 2003 ～ 2010 年产业维度的对外直接投资数据，可以发现，除了矿业对外直接投资外，其他产业对外投资额的排序同外包指数的排序较为相似，[①] 两者相关性为 0.7264。

表 5.2   外包指数

外包产业	外包案例数	外包指数	对外直接投资额	对外直接投资指数
管理服务（administrative services）	11	− 0.23532	—	
艺术娱乐（arts, entertainment）	2	− 0.29749	—	
建筑（construction）	2	− 0.29749	2115	− 0.67544
教育（education）	0	− 0.31131	—	
金融服务（financial services）	38	− 0.04881	338462	1.591173
健康社会工作（health, social work）	2	− 0.29749	—	
酒店餐饮（hotel, restaurants）	1	− 0.3044	2352	− 0.67384
信息通信（information, communication）	22	− 0.15934	20015	− 0.55481
制造业（manufacturing）	567	3.605393	413511	2.096922
矿业（mining）	1	− 0.3044	138615	
其他服务业（other services）	1	− 0.3044	15121	0.244422
房地产（real estate）	1	− 0.3044	5181	− 0.58779
零售（retail）	13	− 0.22151	172271	− 0.65478
运输储存（transportation, storage）	11	− 0.23532	17753	0.471227
公用事业（utilities）	4	− 0.28368	397	− 0.57006

注：＊空格—为缺乏同外包产业较为准确的对应产业或数据缺失。
资料来源：European Restructuring Monitor 和 OECD。

贸易开放度选择进出口总量与 GDP 的比值。贸易数据来源于 OECD 和 WTO。制度变量选择 FreetheWord 的经济自由度指数（the economic freedom of the world（EFW）index）。该指数的评估指标包括政府规模和税收、私人产权

---

① OECD 中间品进口可从投入产出表中得到，但只有 1995 年、2000 年和 2005 年的数据，时间上缺乏连续性。因此采用对外直接投资占 GDP 比重作为外包指标较为合适。

保护和法律规则、货币稳健性、贸易规则与关税、商业环境和劳动力市场与资本市场等。

5.2.3　劳动禀赋结构对技能偏向性技术进步的影响

表 5.3 第 1 列和第 4 列的估计样本以 1970 ~ 2007 年整个样本期。结果表明，高技能劳动与中等技能劳动的替代性大于 1，高技能劳动相对于中等技能劳动比例（HR）的上升将提高技能偏向性技术进步。高技能劳动相对于低技能劳动供给（HM）会降低高技能增强型技术水平，因此本书的经验结论证实了高技能劳动和低技能劳动之间的互补性。

表 5.3 的第 2、5 列显示，1970 ~ 1990 年间高技能/中等技能劳动的相对供给（HR）对技能偏向性技术进步影响的显著性较低①。从图 1.1 可以看到，1970 ~ 1990 年间，高技能/中等技能劳动的相对供给虽然在上升，但上升的速度在下降，1990 年以后上升速度开始加快。由于高技能劳动与中等技能劳动的替代弹性大于 1，要素相对供给变动时，市场规模效应大于价格效应。因此，1970 ~ 1990 年间高技能劳动的市场规模效应在逐渐下降，从而导致高技能/中等技能劳动相对供给的变动对技能偏向性技术进步的激励不是很显著。而到 1990 年以后，HR 上升的激励作用开始增加，促进了高技能增强型技术进步（此时也可称为高技能偏向性技术进步）。

1970 ~ 1990 年间，技能偏向性技术进步主要受高技能/低技能劳动供给（HM）、技术外溢、国际贸易和资本劳动比的影响。高技能/低技能劳动的相对供给（HM）对技能偏向性技术进步的影响与 HR 正好相反。图 1.1 显示，1970 ~ 1990 年 HM 上升速度要远大于 1990 ~ 2007 年的上升速度，而且系数为负，这说明高技能劳动与低技能劳动在这期间还存在替代关系，高技能劳动的市场规模效应大于价格效应且上升较快。1990 年以后高技能劳动和低技能劳动变为互补关系，市场规模效应下降，价格效应居于主导地位。高技能劳动供给上升促进了低技能增强型技术进步（或抑制了高技能增强型技术进步）。

表 5.3 中（I3）和（I6）列显示，1990 ~ 2007 年间，高/中技能劳动相

---

① 即使在不考虑控制变量的情况下，1970 ~ 1990 年间 HR 的显著性也低于 1990 ~ 2007 年间的显著性，而且其显著性也低于 HM 的显著性。

对供给（HR）的系数绝对值远大于高/低技能劳动相对供给（HM）的系数。结合式（2.14b）和图1.1可知，HR对高技能增强型技术进步的促进作用要大于HM对高技能增强型技术的抑制作用。因此，鉴于高/中技能劳动间的替代性和高/低技能劳动间的互补性，高技能增强型技术进步在1990~2007年间既提高了高技能劳动的需求，也提高了低技能劳动的需求，但抑制了中等技能劳动的需求。

表5.3 　　　　　　　 劳动供给与技能偏向性技术进步（工具变量）

工具变量	（I1）1970~2007年	（I2）1970~1990年	（I3）1990~2007年	（I4）1970~2007年	（I5）1970~1990年	（I6）1990~2007年
高技能劳动/中等技能劳动	-6.492*** (0.318)	-1.546* (0.854)	-6.873*** (0.246)	-3.868*** (0.525)	0.296 (0.658)	-4.757*** (0.480)
高技能劳动/低技能劳动	3.892*** (0.523)	-1.571* (1.051)	2.529*** (0.468)	2.029*** (0.589)	-1.158* (0.779)	1.320** (0.536)
贸易开放度	—	—	—	-0.399*** (0.082)	-0.701*** (0.087)	-0.188** (0.094)
资本劳动比	—	—	—	2.053** (1.018)	-1.309* (0.777)	1.269 (1.227)
技术外溢	—	—	—	-78.23*** (13.03)	-177.7*** (20.79)	-47.33*** (13.17)
制度	—	—	—	-0.076 (0.100)	—	-0.104 (0.132)
外包	—	—	—	-0.137 (0.735)	—	-0.256 (0.593)
观测值	352	159	193	112	159	94
R2	0.866	0.794	0.901	0.947	0.906	0.922
固定效应P值	0.0000	0.0000	0.0000	0.0000	0.0000	0.0000

注：括号内为稳健标准差，* $p<0.1$，**$p<0.05$，***$p<0.01$。

5.2.4　控制变量对技能偏向性技术进步的影响

表5.3中（I4）列、（I5）列、（I6）列显示，贸易开放度对技能偏向性技术进步存在较为显著的正向影响。由于发展中国家产权保护较弱，而发达

国家存在完善的产权保护，那么发展中国家不存在市场规模效应不变，而发达国家存在市场规模效应，所以贸易开放会促进了发达国家技能偏向性技术进步。制度质量和外包对技能偏向性技术进步的影响为正但不显著。关于制度质量对技能偏向性技术进步更为详细的实证分析见第7章。

资本劳动比在1970～1990年间对技能偏向性技术进步存在正向影响，而在1990年后存在负向影响。这表明，1970～1990年间资本深化会促进技能偏向性技术进步，但1990年后资本深化会阻碍技能增强型性技术进步（提高IT资本价格指数），但由于1990年后高技能劳动与低技能劳动互补，资本深化反而会提升高技能劳动相对于低技能劳动的需求，进而促进技能偏向性技术进步。

技术外溢（IT服务业）对技能偏向性技术进步存在显著的影响。该实证结果同多姆斯和刘易斯（2006）利用美国企业层面的数据所得的结论一致。多姆斯和刘易斯（2006）认为，IT服务业员工的流动性较大，因而产生了较强的技术外溢效应。本书认为还有一个可能的原因是IT服务业工人的技能水平普遍较高[①]，在工人流动性较强的情况下，IT服务业能产生更大的知识外溢效应。

5.2.5　稳健性分析

上文提到，衡量技能偏向性技术进步的指标有多种，而且每种衡量指标都不能完全准确地衡量技能偏向性技术进步。因此，本节利用人均计算机拥有率和互联网用户占全国人口的比例作为技能偏向性技术进步的代理指标进行稳健性检验。估计方程为式（5.2），依然采用2SLS方法估计。数据来源于世界银行世界发展指数（2007），由于该数据只有1988年以后到2002年的数据，为了同表5.3有可比性，本节估计样本区间为1990～2002年。由于制度变量在这个期间的观察值较少，故控制变量中不再包含制度变量。计算机和互联网本身属于IT资本，已经体现在被解释变量中，所以控制变量中的资本—劳动比选择非IT资本与劳动的比率。

表5.4表明，高/中技能劳动的相对供给提高了个人计算机和互联网的普

---

① Occupational Information Network（ONET）database提供了每一个职业所需技能水平的详细信息。通过比较可以发现，IT服务行业所要求的技能水平要远高于IT制造业所要求的技能水平。

及率，高/低技能劳动的相对供给降低了个人计算机和互联网的普及率，且前者的系数远大于后者。该结果同表5.3的结论完全一致。[①] 贸易开放度和技术外溢对技能偏向性技术进步也存在显著的正向影响，同表5.3一致。

表5.4 劳动供给与技能偏向性技术进步（稳健性检验）

项目	(S1) 计算机 拥有率	(S2) 计算机 拥有率	(S3) 计算机 拥有率	(S4) 计算机 拥有率	(S5) 互联网 用户比例	(S6) 互联网 用户比例	(S7) 互联网 用户比例	(S4) 互联网 用户比例
高/中技能 劳动	5.675 *** (0.432)	5.356 *** (0.391)	4.965 *** (0.536)	4.953 *** (0.492)	21.96 *** (1.695)	20.75 *** (1.541)	19.08 *** (3.151)	19.10 *** (2.154)
高/低技能 劳动	−1.718 ** (0.773)	−1.759 ** (0.687)	−2.175 *** (0.707)	−2.147 *** (0.654)	−7.691 ** (3.029)	−7.851 *** (2.707)	−8.151 *** (3.057)	−8.008 *** (2.864)
资本 劳动比	—	—	0.311 (2.171)	−1.235 (3.29)	—	—	7.168 (9.389)	3.100 (9.628)
技术外溢	—	—	22.54 ** (8.792)	14.33 * (8.320)	—	—	79.75 ** (38.03)	45.52 * (36.43)
贸易 开放度	—	0.529 *** (0.141)	—	0.382 *** (0.147)	—	2.138 *** (0.557)	—	1.331 ** (0.644)
外包	—	2.811 *** (0.724)	—	2.161 *** (0.732)	—	10.17 *** (2.855)	—	9.609 *** (3.208)
观测值	169	169	139	139	169	169	139	139
R2	0.872	0.899	0.917	0.929	0.794	0.838	0.834	0.871
固定效应 P 值	0.0000	0.0000	0.0000	0.0000	0.0000	0.0000	0.0000	0.0000

注：括号内为标准差， * $p < 0.1$， **$p < 0.05$， ***$p < 0.01$。

不同之处在于，控制变量外包对技能偏向性技术进步有显著的正向影响。阿西莫格鲁、甘斯和瑞理伯提（2012）研究表明，在外包规模较小的初期，外包的价格效应大于市场规模效应，因而外包会使发达国家的技能密集型产品价格上升，进而促进技能偏向性技术进步。当外包规模达到一个临界点后，无论在发达国家还是在发展中国家生产外包产品已不会有太

---

① IT资本价格指数价格下降表示技能偏向性技术进步，而表5.4中的个人计算机拥有率和互联网用户率上升表示技能偏向性技术进步。

大的差别。此时的价格效应会小于市场规模效应，继续外包转而会促进低技能偏向性技术进步。本书的经验结论表明，发达国家的外包规模还没有达到临界点。

表 5.3 和表 5.4 的结果表明，虽然 IT 资本价格指数与人均计算机拥有率和互联网用户比例作为技能偏向性技术进步的指标有些许差异，但总体而言是稳健的。

5.3 对中国就业极化的探讨

近年来中国也出现了就业极化的现象，即中等技能行业的就业份额下降较多。根据葛和杨（2012）的统计，从学历教育劳动就业的统计看，1993～2007 年间，我国初中以下学历的劳动力就业份额下降 16.2%，职业教育和高中学历的劳动就业份额下降 0.7%，大学以上学历的就业份额上升 16.9%。从三次产业的就业份额看，1993～2007 年，制造业就业份额下降 12.1%，高端服务业就业份额下降 2.1%，而低端服务业的就业份额上升了 14.2%。可以看出，我国大学学历劳动的就业份额上升较多，但我国高技能行业的就业份额较低技能行业的就业份额下降较多，而相对于中等技能行业的就业份额有所上升。这表明，我国也出现了就业极化的现象，但不同的是，发达国家对高技能劳动的相对需求大于低技能劳动，而我国对低技能劳动的需求大于高技能劳动。

本书的理论模型表明，高技能增强型技术进步能够提高对低技能劳动的相对需求，但中国目前的发展阶段还没有超越发达国家，其高技能技术水平还远没有达到能够提高低技能/高技能劳动的相对需求。[①] 因此，如果说发达国家的就业极化是市场化作用下顺其自然的过程，那么中国过早地出现就业极化就显得不太正常。这说明中国的要素禀赋结构对技术结构的影响较发达国家弱，或者说，中国的要素禀赋结构同技术结构的匹配程度较发达

---

① 如图 1.1 以及阿西莫格鲁和奥特尔（2010）的图 11 所示，20 世纪 90 年代以来，发达国家的高技能和低技能劳动的相对需求上升，但大多数主要发达国家的高技能劳动的相对需求依然大于低技能劳动的相对需求。

国家差。[①]

根据上文的分析及中国的特有制度因素，出现这种现象的原因可以从三个方面考虑。首先，劳动禀赋结构升级对技术结构的影响，这可以使本国的劳动禀赋结构与技术结构项匹配。其次，全球化影响及对发达国家的技术模仿。如果选择发达国家的前沿技术，可能并不适合中国的劳动禀赋结构，从而使本国的就业结构和产业结构偏离。最后，我国特有的产业制度。我国的高技能服务业大都为国有垄断产业，这会影响到我国高技能产业技术进步的效率、方向及其就业结构。

5.4   小结

技术前沿国家劳动力市场极化以其与技能偏向性技术进步的关系得到越来越多的关注。本章探究了劳动力市场极化背后的技能偏向性技术进步的原因，并期望本章的研究能为研究中国劳动力市场的变化提供一个借鉴。

研究结果表明，劳动禀赋结构变化是技能偏向性技术进步的主要影响因素。技术进步的方向取决于高、中、低技能劳动间的要素替代弹性及其供给结构。1970～1990年间，高技能劳动与中低技能劳动存在替代关系，高技能劳动相对供给上升促进了高技能偏向性技术进步，因而劳动力市场并未出现极化。但1990～2007年间，高技能劳动与低技能劳动变为互补关系，高技能劳动相对供给上升即促进了高、低技能偏向性技术进步，但抑制了中等技能偏向性技术进步。因此，本章的研究能够为劳动力市场极化提高一个很好的理论和经验基础。本章的研究还表明，除了劳动禀赋结构外，技术外溢、国际贸易和外包对技能偏向性技术进步存在明显的影响。

本章的理论框架可以纳入国际贸易、外包等因素，进而研究全球化对技能偏向性技术进步和劳动力市场极化的影响。近年来中国也出现了就业极化的现象，本章研究结论可为研究中国劳动力市场的变化提供借鉴。首先，劳

---

①   均衡时的技术结构需要与本国的劳动禀赋结构相适应，即适宜技术，只有满足这一条件时，人均产出才可达到最大化，适宜技术也可以解释南北国家全要素生产率差别的大部分（阿吉翁和霍伊特，2009）。

动力市场极化会导致中等收入阶层相对收入下降，进而降低消费需求。所以，我们今后应深入研究我国就业极化的原因，并关注工资结构的变化，及早采取措施防止消费需求进一步下降。其次，本章研究表明劳动禀赋结构是发达技能偏向性技术进步的重要原因，葛和杨（2012）的研究表明，技能偏向性技术进步是我国工资不平等的重要原因。因此，随着信息技术的进步，我们应重点关注技能偏向性技术进步对我国劳动力市场的影响，以及劳动结构变动对技能偏向性技术进步和劳动力市场的交互影响。此外，我们还要考虑中国特有的制度因素，如国有企业、户籍制度等，这些因素会影响人口流动和新技术的应用方向，进而影响就业结构和工资结构。

第 6 章

国际贸易与技能偏向性
技术进步实证研究

6.1 引言

图 6.1 描绘了 OECD14 个发达国家向发展中国家和中国进出口总额占其总进出口的份额。该图的趋势值为考虑了个体固体效应和时间固定效应后的预测值。比较左右两图可知，发达国家向发展中国家进出口份额的变动相对平缓，而向中国进出口的份额则快速上升。可能正是这个原因，中国成为近年来面临贸易摩擦最多的国家。因此，本书也特别分析了中国进出口对发达国家技能偏向性技术进步的影响。

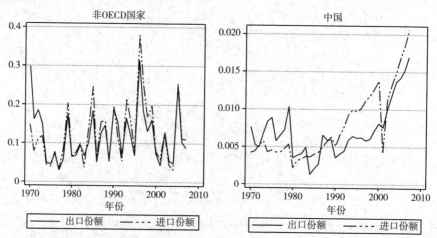

图 6.1　发达国家向发展中国家和中国进出口占其总进出口的份额

资料来源：联合国和 WTO。

许多研究表明，来自发展中国家的贸易竞争是发达国家收入不平等上升和失业增加的重要原因（范瑞尼，2011；奥特尔、多恩和汉森，2012）。这不仅是因为贸易通过传统的比较优势机制提高了技能溢价，更重要的是，贸易促进了高技能偏向性技术进步，进而提高了技能溢价（阿西莫格鲁，2002a；范瑞尼，2011）。不过，相比高技能偏向性技术水平的提升，收入不平等上升更容易被选民和政治家观察到。因此，针对发展中国家（尤其是中国）的贸易保护就成了发达国家民众和政府的争议焦点。本书的研究是要说明，南北贸易也有其积极的影响，它能够促进发达国家技能偏向性技术（信息技术）进步和全要素生产率的提升。计量结果还表明，中国进出口对技能偏向性技术进步的影响更大，进口相对于出口对技能偏向性技术进步的影响更大。进出口还提高了发达国家的全要素生产率。

与本章最接近的文献是布鲁姆、德拉卡和范瑞尼（2011）以及甘斯和邦戈理（2008）。不过这两篇文献只研究了进口对发达国家技能偏向性技术进步的影响。本书还考虑了出口的影响，因而本书还能检验市场规模效应和价格效应对技术偏向性的影响。间接相关的文献还有：首先，奥特尔、多恩和汉森（2012）实证研究了中国的进口竞争对美国制造业就业的影响。阿西莫格鲁、甘斯和瑞理伯提（2012）还研究了外包对技能偏向性技术进步的影响。其次，关于国际贸易和技能偏向性技术进步对技能溢价的影响。如福霍根（2008），布兰比拉、莱德曼和波尔图（2012）等。这些文献研究表明国际贸易通过技能偏向性技术进步提高了发达国家和发展中国家的技能溢价。最后，关于国际贸易对生产率的影响。梅利兹（Melitz，2003）和福霍根（2008）研究表明，只有那些最具生产力的企业才会选择出口。通过竞争效应，出口又提升了出口企业的技术水平。不过这部分文献并没有强调技术进步的偏向性。

6.2　实证分析

6.2.1　模型设定与数据说明

根据本章的理论模型，检验国际贸易对技能偏向性技术进步影响的计量模型设定如下[①]：

$$\ln(\text{Tech}_{jt}) = \alpha_0 + \alpha_1 \ln(\text{EX}_{jt}^{\text{NS}}) + \alpha_2 \ln(\text{IM}_{jt}^{\text{NS}}) + \alpha_3 X_{jt} + \varepsilon_{jt} \quad (6.1a)$$

$$\ln(\text{Tech}_{jt}) = \alpha_0 + \alpha_1 \ln(\text{EX}_{jt}^{\text{china}}) + \alpha_2 \ln(\text{IM}_{jt}^{\text{china}}) + \alpha_3 X_{jt} + \varepsilon_{jt} \quad (6.1b)$$

其中，Tech_t 为 IT 资本价格指数，用来表示高技能产业的相对技术水平，即高技能增强型技术进步。同上文类似，选择资本价格指数作为技能偏向性技术进步代理指标的原因在于资本—技能的互补性。信息技术进步降低了 IT 资本价格，进而提高了企业对 IT 资本的需求。鉴于资本技能互补性，IT 资本需求上升增加了对高技能劳动的相对需求。因此，IT 资本价格下降被认为是高技能偏向性技术进步的指标。本章采用 EU KLEMS 数据库 1970～2007 年的 OECD14 个国家的 IT 资本价格指数。[②]

式（6.1a）用来检验南北贸易对技能偏向性技术进步的影响。EX_t^{NS} 表示发达国家对发展中国家的出口，以出口额占国内吸收的比例表示。IM_t^{NS} 为发达国家进口发展中国家产品占国内吸收的比例，也称为进口渗透率。设置滞后期主要出于内生性问题，即某种冲击会对进出口和技能偏向性技术进步同时造成影响，或者，技能偏向性技术进步也会影响进出口（即存在互为因果关系）。例如，进口国受到的需求冲击既提高了进口国企业的技术水平，也增加了对外国产品的需求；或者，某种供给冲击提高了进口国企业的技术水平，但可能会降低进口需求（布鲁姆、德拉卡和范瑞尼，2011）。关于出口与技能偏向性技术进步之间的内生性在上文的异质性企业贸易理论中已有表述：只有最具技术效率的企业才会选择出口，而出口又会提高出口企业的技术水平，从而进一步增加了出口企业的竞争力和出口意愿。本节采用两阶段最小二乘法（2SLS）来解决模型存在的内生性问题。选择内生变量的滞后一期项作为工具变量。

式（6.1b）用来检验发达国家向中国进出口对其技能偏向性技术进步的影响。变量的含义同式（6.1a）相同。根据模型的分析，控制变量包括技能劳动占总劳动的比例，用来控制技能劳动供给变化对技能偏向性技术进步的影响。技能劳动比例也可能存在内生性，即技能偏向性技术进步会提高对高技能劳动的相对需求。因此，选择其滞后一期作为工具变量。根据奥特尔和

---

① 如无特别说明，下文所指技能偏向性技术进步为高技能偏向性技术进步。

② 14 个国家包括美国、英国、澳大利亚、加拿大、意大利、西班牙、德国、法国、丹麦、瑞典、奥地利、荷兰和日本。

多恩（2012）对技能产业的分类，高技能劳动为管理与商务服务、教育、医疗和社会服务、信息技术和金融等行业的雇佣工人。劳动数据来源于 EU KL-EMS 数据库。

控制变量还包括资本—劳动比、技术外溢和外包。由于资本技能的互补性，因此模型中增加考虑资本—劳动比变动对技能偏向性技术进步的影响。出于分析的方便，本章模型部分并未考虑技术外溢的影响，但是技术外溢会降低创新成本。因此，技术外溢的存在更容易放大贸易开放对技能偏向性技术进步的影响。本章选择信息服务业工人占总劳动工人的比例作为技术外溢的代理指标（多姆斯和刘易斯，2006）。阿西莫格鲁、甘斯和瑞理伯提（2012）研究表明，外包在规模较小的时候能够促进发达国家的高技能偏向性技术进步，当外包达到一定规模以后又会促进低技能偏向性技术进步。本章选择（对外直接投资额—矿业对外直接投资额）/GDP 作为外包的代理指标。[①] 数据来源于 OECD。

由于衡量技能偏向性技术进步的指标较多，且每个指标不一定能准确衡量技能偏向性技术进步。因此，本章选择人均计算机拥有率和互联网用户占总人口的比例作为技能偏向性技术进步的指标，对模型进行稳健性检验。数据来源于世界银行 2007 年世界发展指数，数据区间为 1990～2003 年。

从表 6.1 中的描述性统计可知，IT 资本价格指数、人均计算机拥有率和互联网用户占比的标准差、最大值与最小值之差较大，这说明 1970 年以来发达国家技能偏向性技术进步的速度比较快。同样地，发达国家向发展中国家进出口对其自身的影响也逐年上升，例如，发达国家向发展中国家和中国进口的进口渗透率最高达到 24% 和 5%。1970 年以来，发达国家的技能劳动占比有了大幅提高，最高时到达 45%，平均值也达到 30%。

表 6.1　　　　　　　　　　　变量的描述性统计

项　目	观测值	均值	标准差	最小值	最大值
IT 资本价格指数	367	4.6926	8.4735	0.0857	58.7752
人均计算机拥有率	169	0.2389	0.1450	0.0272	0.6609

---

① 由于矿业外投直接资额大，但不能外包，故将其剔除。利用美国数据计算的该指标同 European Restructuring Monitor 数据库 2002～2012 年间外包数据的相关性为 0.72。

项　目	观测值	均值	标准差	最小值	最大值
互联网用户占比	169	0.1392	0.1675	0.0001	0.5712
进口	494	0.0422	0.0246	0.0031	0.2414
出口	494	0.0391	0.0181	0.0057	0.0953
中国进口	476	0.0041	0.0056	$4.26e-06$	0.0490
中国出口	477	0.0029	0.0041	$4.88e-06$	0.0381
TFP 指数（1995 = 100）	375	97.5677	6.2707	77.1452	113.3514
技能劳动占比	483	0.2960	0.0802	0.1281	0.4505
技术外溢	444	0.0096	0.0075	0.0005	0.0320
资本—劳动比	395	0.1398	0.0635	0.0030	0.3344
外包	299	0.0282	0.0333	0.0628	0.2200

6.2.2　南北贸易与技能偏向性技术进步

表6.2中第（1）（2）列的被解释变量为 IT 价格指数，第（3）（4）列为人均计算机拥有率，第（5）（6）列为互联网用户比例。表6.2显示，发达国家从发展中国家的进口会降低 IT 价格指数，提高计算机拥有率和互联网用户比例，即进口促进了技能偏向性技术进步。除了第（2）列，出口对技能偏向性技术进步的影响为正且比较显著。这说明，南北贸易，不论出口还是进口，均能促进发达国家的技能偏向性技术进步。进口主要通过进口竞争效应促进了高技能偏向性技术进步，而出口主要通过价格效应促进了技能偏向性技术进步。[①] 不过，比较进口和出口的系数大小（或边际效应），进口对技能偏向性技术进步的影响更大。控制变量中，除了资本—劳动比，高技能劳动比例、技术外溢、制度和外包对技能偏向性技术进步有显著的正向影响。

6.2.3　中国进出口与技能偏向性技术进步

布鲁姆、德拉卡和范瑞尼（2011）专门研究了欧盟向中国进出口对技能

---

① 根据本书的理论模型，如果发展中国家的产权保护较弱，贸易开放将促进技能偏向性技术进步，此时的价格效应大于市场规模效应。由于发达国家出口的产品技术水平更高，因此，向发展中国家出口商品带来的竞争效应可能较小布鲁姆、德拉卡和范瑞尼（2011）。

表 6.2 南北贸易与技能偏向性技术进步

项目	（1）IT 价格指数	（2）IT 价格指数	（3）计算机拥有率	（4）计算机拥有率	（5）互联网用户比例	（6）互联网用户比例
进口	−0.980 *** (0.287)	−0.557 *** (0.135)	3.448 *** (0.539)	1.023 ** (0.453)	13.43 *** (2.054)	4.152 *** (1.884)
出口	−1.307 *** (0.362)	−0.052 (0.115)	0.848 *** (0.300)	0.554 *** (0.165)	3.743 *** (1.142)	2.763 *** (0.687)
高技能劳动比例		−2.743 *** (0.573)		5.015 *** (0.638)		19.33 *** (2.655)
资本劳动比		−0.416 (0.965)		−5.142 (3.460)		−19.21 (14.22)
技术外溢		−115.31 *** (9.23)		33.43 *** (11.84)		122.2 ** (49.26)
外包		−3.58 *** (0.767)		2.715 *** (0.850)		11.16 *** (3.535)
观测值	359	234	169	139	169	139
R^2	0.194	0.910	0.403	0.892	0.109	0.799
固定效应 P 值	0.0000	0.0000	0.0000	0.0000	0.0000	0.0000

注：括号内为标准差，* $p<0.1$，**$p<0.05$，***$p<0.01$。

偏向性技术进步的影响。发现进口具有显著的正向影响，但出口的影响不明显。本节利用中国与发达的双边贸易数据检验了进出口对发达国家技能偏向性技术进步的影响。表 6.3 中第 1 行显示，发达国家向中国进口商品会显著地促进技能偏向性技术进步。表 6.3 第 2 行显示，发达国家向中国出口商品可能会促进技能偏向性技术进步［如第（3）和（5）列］，但在增加了控制变量后，这种影响变得不显著。比较表 6.2 和表 6.3 的第二行表明，发达国家向整个发展中国家出口能够显著地促进技能偏向性技术进步，但向中国出口却没有很显著的影响。

20 世纪 80 年代以后，发达国家向中国进口份额的涨幅要大于出口份额。其中，进口份额从 1970 年的 2.4% 上升到 24%，出口份额从 3.4% 上升到 18.5%。出口的涨幅稍低，可能正是由于这个原因导致发达国家向中国出口商品对技能偏向性技术进步的显著性较表 6.2 弱。同时也表明，中国目前的

表 6.3 中国——发达国家间贸易与技能偏向性技术进步

项目	(1) IT 价格指数	(2) IT 价格指数	(3) 计算机拥有率	(4) 计算机拥有率	(5) 互联网用户比例	(6) 互联网用户比例
进口	-0.950*** (0.104)	-0.242*** (0.058)	1.073*** (0.110)	0.390*** (0.146)	4.473*** (0.406)	3.174*** (0.595)
出口	-0.124 (0.130)	0.042 (0.091)	0.630*** (0.160)	0.153 (0.171)	2.048*** (0.588)	0.538 (0.697)
高技能劳动		-3.149** (1.610)		4.238*** (0.945)		15.36*** (3.856)
资本劳动比		-2.016* (1.052)		3.411 (2.720)		16.69 (11.10)
技术外溢		-117.85*** (10.557)		20.87*** (10.63)		80.49* (43.36)
外包		-1.315* (0.795)		2.470*** (0.974)		6.579* (3.974)
观测值	329	212	143	117	143	117
R^2	0.796	0.913	0.764	0.907	0.673	0.835
固定效应 P 值	0.0000	0.0000	0.0000	0.0000	0.0000	0.0000

注: 括号内为标准差, $* p<0.1$, $**p<0.05$, $***p<0.01$。

市场规模还不足以诱发发达国家的技能偏向性技术进步, 或者说, 向中国出口所产生的价格效应还不够大。本书的结论同布鲁姆、德拉卡和范瑞尼(2011) 的结论相似。

6.2.4 技能偏向性技术进步与全要素生产率

技能偏向性技术进步并不意味着总生产率的增长, 也可能会因为偏向高技能的研发投入导致其他领域的研发投入减少, 从而使全要素生产率(TFP)下降(阿西莫格鲁, 2002b)。因此, 本节研究国际贸易导致的技能偏向性技术进步对全要素生产率的影响。根据异质性企业贸易理论, 出口与生产率可能存在双向因果关系。而且进口和生产率也可能面临相同的外生冲击, 从而使估计方程存在内生性。因此, 采用 2sls 法估计计量模型。TFP 指数(1995 = 100) 数据来自 EU KLEMS 数据库, 数据区间为 1970~2007 年。

表 6.4 中第（1）（2）列估计了 IT 价格指数和计算机普及率对全要素生产率的影响。结果表明，技能偏向性技术进步每提高 1%，全要素生产率会提高 0.02% ~ 0.03%。第（3）~（5）和（6）~（8）分别估计了发达国家向发展中国家和中国进出口商品对全要素生产率的影响。结果表明，发达国家向发展中国家出口商品能提高全要素生产率，而进口的影响较小。而且这种影响是通过技能偏向性技术进步的提升实现的。发达国家向中国进、出口商品均能提高全要素生产率，而且中国对发达国家全要素生产率的边际效应更大。

表 6.4　　　　　　　　　　技能偏向性技术进步与全要素生产率

估计方法	（OLS）		发展中国家（2SLS）			中国（2SLS）		
Log（ITP）	-0.033 *** (0.002)							
Log（PC）		0.024 *** (0.002)						
Log（进口）			0.002 (0.013)	-0.002 (0.008)		0.024 *** (0.005)	0.0323 *** (0.002)	
Log（出口）			0.020 (0.017)		0.032 *** (0.011)	0.018 *** (0.007)		0.0317 *** (0.004)
Log（ITP * 进口）				-0.036 *** (0.002)			-0.0353 *** (0.004)	
Log（ITP * 出口）					-0.033 *** (0.002)			-0.0348 *** (0.005)
观测值	312	210	372	308	308	344	284	284
R^2	0.570	0.429	0.275	0.710	0.691	0.610	0.690	0.690
固定效应 P 值	0.0000	0.0000	0.0000	0.0000	0.0000	0.0000	0.0000	0.0000

注：括号内为标准差，* $p < 0.1$，**$p < 0.05$，***$p < 0.01$。

6.2.5　发达国家间贸易与技能偏向性技术进步

表 6.5 显示了发达国家之间贸易对技能偏向性技术进步的影响。进口对技能偏向性技术进步的影响不够明确，甚至有负向影响。但是，在增加了控制变量后，进口的影响开始变得不显著。而出口对技能偏向性技术进步的影

响有较为显著的正向影响。该结论正好同表 6.2 和表 6.3 中的情形相反。这表明，发达国家之间的出口通过竞争效应和价格效应促进了技能偏向性技术进步，而发达国家向发展中国家进口通过竞争效应促进了技能偏向性技术进步。这同本书的理论模型的分析结果比较一致。控制变量中，除资本—劳动比的影响较弱以外，其他控制变量对技能偏向性技术进步均有比较显著的正向影响。

比较表 6.2 ~ 表 6.5 可知，在不增加控制变量的情况下，模型的拟合度较低。而在增加了控制变量以后，拟合度大幅度上升，尤其是增加了技能劳动比例。这说明，虽然进出口能够显著地促进技能偏向性技术进步，但其对发达国家的整体解释力较劳动禀赋结构弱。这同本书上一章的结论非常吻合。因此，劳动禀赋结构变动是发达国家技能偏向性技术进步的主要影响因素。

表 6.5　　　　　　　　　　发达国家间贸易与技能偏向性技术进步

项目	（I1）IT 价格指数	（I2）IT 价格指数	（I3）计算机拥有率	（I4）计算机拥有率	（I5）互联网用户比例	（I6）互联网用户比例
进口	-1.017^* (0.629)	0.256 (0.325)	-3.306^{***} (0.949)	0.644 (0.619)	-12.48^{***} (3.649)	1.680 (2.610)
出口	-3.79^{***} (0.605)	-0.649^{**} (0.330)	3.360^{***} (1.028)	0.126 (0.536)	14.19^{***} (3.953)	3.043^* (3.91)
高技能劳动	—	-2.563^{***} (0.594)	—	6.389^{***} (0.869)	—	24.72^{***} (3.662)
资本劳动比	—	-3.97^{**} (0.925)	—	-1.507 (3.620)	—	-4.240 (15.26)
技术外溢	—	-130.35^{***} (8.896)	—	33.09^{***} (10.65)	—	126.2^{***} (44.92)
外包	—	-2.145^{***} (0.781)	—	3.104^{***} (0.824)	—	11.92^{***} (3.474)
观测值	359	234	169	139	169	139
R^2	0.379	0.909	0.425	0.903	0.124	0.816
固定效应 P 值	0.0000	0.0000	0.0000	0.0000	0.0000	0.0000

注：括号内为标准差，$* \ p<0.1$，$**p<0.05$，$***p<0.01$。

比较南北贸易和发达国家间贸易对技能偏向性技术进步的影响。可以看出，发达国家间贸易对技能偏向性技术进步的影响更大一些。这符合本书理论模型的分析，发达国家间贸易对技能偏向性技术进步的影响更大。

6.3 小结

南北贸易特别是中国和发达国家之间的贸易额快速增长，同时也引起越来越多的贸易摩擦。但南北贸易也为发达国家带来了经济增长的好处。本书利用 IT 价格指数、人均计算机拥有率和互联网用户比例作为高技能偏向性技术进步的代理指标，研究了南北贸易对发达国家技能偏向性技术进步的影响。其中，中国相对于发展中国家对技能偏向性技术进步的边际效应更大。发达国家向发展中国家或中国进口商品对技能偏向性技术进步的边际效应更大（相对于出口）。进口主要通过竞争效应促进技能偏向性技术进步。由于发展中国家缺乏产权保护，市场规模效应较小，所以出口主要通过价格效应促进技能偏向性技术进步。

可见，发达国家向发展中国家或中国进出口商品提高了技能偏向性技术进步（即信息技术等前沿技术），并且提高了发达国家的全要素生产率。但不可否认的是，既然贸易引发的技术进步偏向高技能劳动，就必然会带来收入和就业的再分配效应，从而可能导致贸易摩擦。近年来，美国等国家的一些工会和政客将收入不平等和失业上升的原因归咎于同中国的贸易往来，因而同中国的贸易摩擦越来越多。本章研究表明，劳动禀赋结构变动是技能偏向性技术进步的主要影响因素，而国际贸易为次要因素，而且中国对发达国家的出口中有相当大的比例为加工贸易。所以发达国家对中国发起太多的贸易摩擦有些不公平。为此，本书研究将来可以进一步拓展，研究中国出口在多大程度上影响了欧美国家的就业和收入分配，这也许对将来解决贸易争端或贸易谈判有所帮助。

第 7 章

制度质量与技能偏向性技术
进步实证研究

7.1 引言

上文的理论模型研究表明，制度质量会促进技能偏向性技术进步。高技能产业对制度质量要求较高，中等技能产业对制度质量的要求相对较低。相应地，如果制度不会对技术创新存在约束，那么，制度质量对高技能产业技术创新的边际效应可能更高。阿吉翁、阿克希特和霍伊特（2013）研究表明，更低的产业进入障碍、更高的贸易开放度和民主制度更有利于技术前沿国家或技术前沿产业的技术创新。不过该文的模型是从中性技术进步的角度分析，而本章建立了技能偏向性技术进步模型，并从技能偏向性技术进步的角度研究制度质量对技能偏向性技术进步的影响。

由于作者能得到的制度数据时期较短，即 2000～2010 年，而上文所采用的实证数据为 2000～2007 年，使得制度数据更短。所以本章在采用上文所用数据进行估计的基础上，又采用了 2000～2010 年世界银行的数据和 1997～2009 年中国的数据对第 4 章的理论模型进行实证检验。选择中国数据，一方面是对理论模型进行稳健性检验，另一方面是由于中国处于制度转型期，制度对经济的影响至关重要，研究中国制度质量对技能偏向性技术进步的影响可以得到更为丰富的实证结果。

7.2　实证分析

7.2.1　发达国家制度质量对技能偏向性技术进步的影响

7.2.1.1　模型设计

根据理论模型的研究，计量模型设定如下：

$$\ln(\text{Tech})_{jt} = \alpha + \beta\ln(\text{Ins})_{jt} + X_{jt} + \varepsilon_{jt}$$

其中，j 为国家；t 为时间；Tech 为衡量偏向性技术进步的指标，根据上面的介绍，选择 IT 资本价格指数、人均计算机拥有率和互联网普及率。控制变量包括高技能劳动占总劳动的比例、贸易开放度和技术外溢。数据来源同上文相同。

Ins 为制度指标，同上文类似，数据来源于弗雷泽研究所的 FreeTheWorld 数据库的世界经济自由度指数。因而，本章潜在的假设是制度质量与经济自由度正相关，或者说，经济自由度的提升是制度质量上升的表现。经济自由对经济增长的重要性早在亚当·斯密的著作里就已经得到较多的讨论。此后，哈耶克、米尔顿·弗里德曼、道格拉斯·诺斯等经济学家均强调了经济自由对经济增长的重要性。比昂斯科夫和福斯（Bjørnskov and Foss，2012）利用世界经济自由度指数作为制度质量指标研究了制度对企业家供给和经济增长的影响。经济自由首先能够提高资源的配置效率，进而提高全要素生产率，促进经济增长；其次，经济自由可以契约执行效率、降低搜寻协调成本、降低经济活动的不确定性，从而增加经济中企业家的供给。而企业家是技术创新的最重要的源泉，因此，企业家供给增加能够提高全要素生产率和经济增长率。该文的实证研究证实了这一理论。此外，已有的研究还表明，经济自由还可以促进经济自由竞争，提高投资效率进而促进经济增长［格瓦特尼和劳森（Gwartney and Lawson），2004；黄怡胜、舒元，2007］。诺顿和格瓦特尼（Norton and Gwartney，2008）研究表明，经济自由通过提高经济发展程度能够减少贫穷和婴儿死亡率，并提高人类生活质量。提高经济自由度能提高居民幸福感［斯特鲁普（Stroup，2011）］，还可能减少战争冲突［哥特克（Gartzke，2005）］。当然，也有文献如赫克尔曼和斯特鲁普 Hckelman and

Stroup, 2000)］研究发现，经济自由对经济增长的正向影响不显著。但鲜有研究表明经济自由会阻碍经济增长。

目前有两个著名机构公布经济自由度指数，分别是美国传统基金会（Heritage Foundation）和加拿大弗雷泽研究所（Fraser Institute）。美国传统基金会成立于 1973 年，是美国保守派的重要智库，其使命是推广以自由企业、有限政府、个人自由、美国传统价值和强大国防为理念的公共政策。该机构与《华尔街日报》每年公布 179 个国家的经济自由度指数，该指数包含 10 大类指标：营商自由、税收负担、货币稳健性、政府规模、贸易自由、投资自由、产权保护、金融自由、腐败程度和劳动力市场自由。指数越高，表明该国的经济自由度越高。长期而言，这些子制度有很强的相关性，而且它们是共同演进的。因此，我们很难确定哪一个子制度更重要，或者只改革某一项制度而不改革其他子制度［科恩和索贝尔（Coyne and Sobel, 2010)］。表 7.1 中列出了该机构 2012 年本书上述国家的经济自由度分值和排名。

创立于 1974 年的加拿大弗雷泽研究所（Fraser Institute）也是一个政治上保守的研究机构，其宗旨是研究竞争性市场和政府干预对个人福利的影响。该机构认为经济自由包含以下四个方面：个人选择优于集体选择；市场协调的自愿交换优于政治过程的分配；进入市场的自由与市场自由竞争；不受他人侵犯的人身及财产保护。基于这个定义，该机构发布的世界经济自由度指数包含 5 个子指标：政府规模、司法体系与产权保护、货币稳健性、贸易自由和信贷、劳动力市场与营商监管环境。表 7.1 中第 3 行列示了世界上代表性国家或地区的 2012 年经济自由度分值和排名。① 比较这两个机构的排名，虽然具体排名不同，但总体上是一致的。大体可以将这些国家或地区分为三组，第一组别为美国和英国，第二组别为日本、德国、法国和意大利，第三组别为中国内地和俄罗斯。中国香港在这两个指标中排名最高，这里作为参考。如果比较所有年份排名，这两个机构的排名相似性会更高。本章选择弗雷泽研究所的世界经济自由度指数，原因美国传统基金会的政治积极性更高，其发布的经济自由度指数的主观性指标较多。

---

① 下文要用到这些国家或地区的制度数据进行实证分析。

表7.1   2012 年度经济自由度及排名

项目	美国	英国	德国	法国	意大利	日本	俄罗斯	中国内地	中国香港
传统基金会	76.3 (10)	74.1 (14)	71 (26)	63.2 (67)	58.8 (92)	71.6 (22)	50.5 (144)	51.2 (138)	89.9 (1)
弗雷泽研究所	8.3 (7)	8.08 (18)	7.75 (35)	7.78 (33)	7.62 (40)	8.28 (9)	6.25 (89)	5.76 (100)	8.39 (3)

表7.2 中计算了经济自由总指数及各项子指数 2000~2010 年的平均值和标准差。就总指数而言，美国和英国的制度质量最高，中国和俄罗斯的制度质量最低。政府规模衡量了政府对经济的干预程度，指数值越高表明政府对经济的干预越少。比较这 8 个国家政府规模的平均值可知，法国的政府规模最大，其次为中国和意大利。中国作为社会主义国家，其政府规模却小于发达资本主义国家法国。但仔细分析政府规模的子指标可以发现，中国的政府规模同法国存在较大差异。最大的差异在于，法国的转移支付和政府补贴程度是中国的近 3 倍，而中国的政府企业和政府投资程度是法国的 4 倍多。相应地，法国的边际税率是中国的 2 倍。意大利的政府规模同中国也存在类似的差异。可见，法国和意大利主要通过税收和转移支付间接干预经济，而中国主要通过直接方式干预经济。

表7.2   各项制度的平均值与标准差

项目	经济自由总指数	政府规模	司法体系与产权保护	货币稳健性	贸易自由	信贷监管	经济监管
美国	8.209 (0.280)	6.993 (0.272)	7.806 (0.624)	9.725 (0.061)	8.271 (0.345)	8.776 (1.092)	8.244 (0.371)
英国	8.203 (0.248)	6.053 (0.348)	8.476 (0.611)	9.455 (0.078)	8.949 (0.246)	8.952 (1.111)	8.0778 (0.376)
德国	7.642 (0.123)	5.184 (0.657)	8.614 (0.337)	9.544 (0.039)	8.609 (0.541)	8.066 (0.184)	6.263 (0.345)
法国	7.347 (0.154)	4.034 (0.879)	7.485 (0.247)	9.597 (0.043)	8.484 (0.308)	9.320 (0.441)	7.136 (0.225)
日本	7.747 (0.156)	5.853 (0.277)	7.604 (0.304)	9.676 (0.121)	7.865 (0.470)	8.523 (0.546)	7.741 (0.413)

续表

项目	经济自由总指数	政府规模	司法体系与产权保护	货币稳健性	贸易自由	信贷监管	经济监管
意大利	7.113 (0.237)	4.809 (0.796)	6.324 (0.728)	9.534 (0.062)	8.281 (0.419)	8.472 (0.365)	6.613 (0.441)
俄罗斯	6.027 (0.507)	6.947 (0.201)	4.947 (0.608)	6.275 (1.912)	6.057 (0.438)	7.303 (1.206)	5.908 (0.615)
中国	6.081 (0.243)	4.170 (0.484)	5.673 (0.578)	8.136 (0.113)	6.741 (0.253)	6.577 (0.952)	5.506 (0.540)

注：*括号内为标准差，带黑色底纹的指标为各子指标的最小值。

政府规模最小的是美国和俄罗斯。美国和俄罗斯的总体制度质量差异较大，但政府规模却差异较小，这可能是源于苏联解体后，俄罗斯推行的基于华盛顿共识的改革。俄罗斯的其他制度指标，如产权保护、货币稳健性、贸易自由、经济监管等指标比美国要差得多。对于一个完善的制度而言，其各项子制度应该是相互契合的。

此外，俄罗斯的司法制度和产权保护、货币稳健性及贸易自由指数在8个国家中是最低的。中国的经济监管质量较差。监管质量较差表明经济的市场化程度较低，即中国需要继续改善金融市场、劳动力市场和营商环境的质量。

7.2.1.2 估计结果分析

表7.3中估计了发达国家制度质量对技能偏向性技术进步的影响。（1）列和（2）列考察了制度质量对IT资本价格指数的影响，（3）列和（4）列分别考察了制度质量对人均计算机拥有率和互联网普及率的影响。IT资本价格指数下降代表技能偏向性技术进步，所以，（1）和（2）列表明，制度质量对技能偏向性技术进步的影响较为显著。当然，在控制了技能劳动比例、贸易开放度和技术外溢的情况下，这种影响开始下降。（3）和（4）列表明，制度质量显著地提高了人均计算机拥有率和互联网普及率，即促进了技能偏向性技术进步。控制变量的估计结果同第5、6章的估计结果类似。

根据泰巴尔迪和艾尔姆斯（2008）的研究，如果制度停止向好的方向演进，随着技术的进步，制度质量下降。也就是说，本节的计量模型解释变量制度质量与被解释变量存在互为因果的关系。由于数据长度有限，本计量模型未考虑内生性对估计结果的影响。下文的稳健性检验将会考虑内生性问题。

表 7.3 制度质量对技能偏向性技术进步的影响

项　　目	(1) IT 价格指数	(2) IT 价格指数	(3) 计算机拥有率	(4) 互联网普及率
制度	− 15.26 *** (0.976)	− 1.837 * (1.002)	18.87 *** (5.374)	5.227 *** (1.482)
高技能劳动比例		− 0.305 (0.743)	17.18 *** (2.984)	5.389 *** (0.805)
贸易开放度		− 0.508 *** (0.166)	− 0.716 (1.714)	0.157 *** (0.275)
技术外溢		− 161.1 *** (15.15)	146.5 *** (48.04)	32.56 *** (12.35)
固定效应	是	是	是	是
观测值	141	135	68	63
拟合度	0.655	0.900	0.874	0.911

注：括号内为标准差，＊ p < 0.1，＊＊p < 0.05，＊＊＊p < 0.01。

7.2.2　全球代表性国家制度质量对技能偏向性技术进步的影响

7.2.2.1　模型设定

本节选择 8 个不同类型的代表性国家作为研究对象，分别是美国、英国、德国、法国、意大利、日本、俄罗斯和中国。这些国家分别代表了不同的经济模式。英美代表盎格鲁—撒克逊模式，德国代表莱茵模式，法国和意大利代表欧洲模式，日本作为东亚国家也有自身的制度特点，中国和俄罗斯作为前计划经济国家，经历了较大的经济转型。

根据理论模型的研究，计量模型设定如下：

$$\ln(\text{Patent})_{jt} = \alpha + \beta \ln(\text{Ins})_{jt} + \varepsilon_{jt}$$

其中，j 为国家；t 为时间；Patent 为专利申请量，用来表示技术创新；Ins 为制度指标。我们选择表 7.2 中各项制度指标作为解释变量。专利数据来源于世界银行，每个国家包含了 35 个制造业产业的专利数据。施莫克勒（1966），杰菲等（1993）和霍尔（Hall et al.，2001）较早地利用专利数据分析了技术创新。准确地量化技术创新较为困难，许多文献常利用研发投入和专利作为技术创新的代理指标。选择专利数据的优点在于，专利作为研发成果能够提供较为详细的信息，而且专利数据较容易获得，为研究技术创新和技术外溢提供了方便（杰菲等，1993）。然而专利数据作为技术创新的指标也有其缺点，首先，有一些技术创新并没有申请专利；其次，专利间的质量存在差别（汉隆，2012）。不过，相对而言，专利依然是较为合适的技术创新指标（杰菲等，1993）。研发投入可能由于研发效率较低而不能准确衡量研发成果，因此，越来越多的文献采用专利作为技术创新的代理指标。

根据这些产业的技术特征，将世界银行专利数据库中前 24 个产业定义为高技能产业，后 11 个产业定义为中等技能产业。戈登和卡茨（2007）利用美国 1890～2005 年的数据研究表明，这段时期前沿技术同高技能劳动存在很高的互补性，前沿技术进步提高了高技能劳动的需求，因此，本章将高技术产业当作高技能产业是合理的。数据中没有低技能服务业数据，本节的分析不包括低技能产业。如果制度质量对高技能产业的影响更大，我们认为制度质量是高技能偏向性的。反之，制度质量是中等技能偏向的。

由于找不到与该数据产业分类对应的劳动、贸易和技术外溢等数据，因此，该模型未添加控制变量。但在估计时考虑了国家固定效应，以控制为观察到的国家特定因素的影响。科恩和索贝尔（2010）研究表明，子制度间存在协整关系，即子制度间存在紧密的联系，是制度质量优劣的共同反映。泰巴尔迪和艾尔姆斯（2013）基于该理由，将产权和法律体系分别作为解释变量进行估计。本章的对表 7.2 中各制度指标进行相关性计算表明，绝大多数指标的相关系数至少在 0.8 以上，因此，为避免多重共线性，我们也对各子制度分别对解释变量分别估计。

7.2.2.2　实证结果分析

表 7.4 估计了制度质量对高技能产业技术创新的影响。表 7.5 考虑了制度变量与技术创新互为因果关系的内生性问题，采用两阶段最小二乘法进行估计。其中表 7.5 中以滞后一期作为工具变量。表 7.4 中的结果表明，政府规模、产权保护、货币稳健性、信贷监管、经济监管和综合制度质量对高技术创新均有显著的正向影响。本书第 4 章理论模型表明，对一部门实行金融抑制会限制该部门的技术创新，当 $\kappa > 1$ 时，金融抑制会限制中等技能密集型部门的创新，当 $\kappa < 1$ 时，金融抑制会限制高技能密集型部门的技术创新。莱文（Levine，2005）也表明，良好的金融体系可以降低交易成本和信息获取成本，减少企业的外部融资约束，改善企业的公司治理结构和风险管理能力，

因而能够将资源配置到更有创新能力的企业。只有贸易自由度对高技术创新存在负向影响。第 4 章模型表明，征税会限制该部门的技术创新，由于税收是政府规模和经济监管的一部分，因此本节可以这两个更大范围的指标来验证理论模型。① 由表 7.4 可知，在考虑了内生性以后，总体上，制度质量对技术创新的影响提高了。

表 7.4　　　　　　　　　制度质量与高技能产业技术创新

项目	(1)	(2)	(3)	(4)	(5)	(6)	(7)
政府规模	1.054 *** (0.127)						
产权保护		3.236 *** (0.188)					
货币稳健性			1.677 *** (0.133)				
贸易自由				− 2.765 *** (0.311)			
信贷监管					1.046 *** (0.131)		
经济监管						3.202 *** (0.216)	
总指数							5.888 *** (0.368)
固定效应	是	是	是	是	是	是	是
观测值	2107	2107	2107	2107	2107	2107	2107
拟合度	0.818	0.826	0.825	0.819	0.818	0.822	0.833

表 7.5　　　　　制度质量与高技能产业技术创新（工具变量）

项目	(I1)	(I2)	(I3)	(I4)	(I5)	(I6)	(I7)
政府规模	1.299 *** (0.185)						

---

① 政府与市场的关系鉴定了政府在市场经济中的职能定位。政府职能定位越合理，其对企业活动的负面影响越小、越少，因而有利于提高企业的研发效率。

续表

项目	（I1）	（I2）	（I3）	（I4）	（I5）	（I6）	（I7）
产权保护		3.625 *** (0.284)					
货币稳健性			1.604 *** (0.153)				
贸易自由				−2.950 *** (0.464)			
信贷监管					3.050 *** (0.379)		
经济监管						4.749 *** (0.558)	
总指数							7.293 *** (0.503)
固定效应	是	是	是	是	是	是	是
观测值	1916	1916	1916	1916	1916	1916	1916
拟合度	0.820	0.834	0.830	0.826	0.802	0.819	0.835

注：括号内为标准差，$*p<0.1$，$**p<0.05$，$***p<0.01$。

表7.6和表7.7估计了制度质量对中等技能产业技术创新的估计结果。估计结果同表7.4和表7.5类似。但有一点不同，总体上，制度质量对中等技能产业的系数较高技能产业小，这表明制度质量对高技能产业技术创新的影响更大，或者说，高技能产业技术创新对制度质量的要求更高。本章的实证结论同本书第4章的理论模型以及阿吉翁、阿克希特和霍伊特（2013）的结论一致。

表7.6 制度质量与中等技能产业技术创新

项目	（1）	（2）	（3）	（4）	（5）	（6）	（7）
政府规模	0.819 *** (0.132)						
产权保护		3.161 *** (0.189)					
货币稳健性			1.408 *** (0.136)				

续表

项目	(1)	(2)	(3)	(4)	(5)	(6)	(7)
贸易自由				−1.920 *** (0.325)			
信贷监管					1.140 *** (0.134)		
经济监管						3.67 *** (0.221)	
总指数							5.415 *** (0.366)
固定效应	是	是	是	是	是	是	是
观测值	968	968	968	968	968	968	968
拟合度	0.827	0.845	0.838	0.826	0.832	0.837	0.853

表 7.7　　　　制度质量与中等技能产业技术创新（工具变量）

项目	(I1)	(I2)	(I3)	(I4)	(I5)	(I6)	(I7)
政府规模	0.888 *** (0.190)						
产权保护		3.416 *** (0.280)					
货币稳健性			1.300 *** (0.154)				
贸易自由				−1.764 *** (0.477)			
信贷监管					2.955 *** (0.393)		
经济监管						4.208 *** (0.568)	
总指数							6.424 *** (0.493)
固定效应	是	是	是	是	是	是	是
观测值	880	880	880	880	880	880	880
拟合度	0.831	0.855	0.844	0.836	0.807	0.831	0.856

注：括号内为标准差，* $p < 0.1$，**$p < 0.05$，***$p < 0.01$。

7.3 中国案例实证分析

7.3.1 计量模型设计

本节利用中国 1970～2007 年数据实证研究制度质量对技能偏向性技术进步的影响。根据第 4 章的技术创新方程、泰巴尔迪和艾尔姆斯（2013）以及范、吉兰和余（2013）的研究，计量模型设定如下根据上文理论模型的技术创新方程，计量模型设定如下[①]：

$$\ln(dA_{ijt}) = \alpha_0 + \alpha_1 \ln(INS_{it}) + \alpha_2 X_{ijt} + \varepsilon_{ij,t}$$

其中，dA_{ijt} 为 t 年 i 地区 j 产业的技术创新率。$INS_{i,t}$ 为 i 地区 t 年的制度质量。控制变量 X_{jt} 包括：（1）研发人员投入占每个产业从业人员的比例；（2）1995 年专利申请量，用来估计技术外溢对 1997 年以后技术创新的影响；（3）产业虚拟变量和地区虚拟变量，用来控制其他未被包含在解释变量中的产业和地区特定因素。理论模型表明，技术水平越高，技术创新对制度质量的要求也越高，因此，相同的制度可能会对不同技术水平的产业的技术创新产生不同的影响。为此，本书分析了制度质量对高技能制造业和中等技能制造业技术创新的影响。同上文类似，如果制度质量对高技能制造业的影响更大，则表明制度质量是高技能偏向的。

本书采用当年的专利申请量作为技术创新指标。选择理由同第 7.2 节类似，数据来源于《中国高技术统计年鉴》和《中国科技统计年鉴》，具体产业的专利数据说明见下文对高、中技能产业的估计。制度变量选择中国经济改革研究基金会国民经济研究所樊纲等编制的中国各地区市场化指数（2011版）以及市场化指数的各子指标。中国经济改革研究基金会国民经济研究所公布的 1997～2009 年中国各地区市场化指数同世界经济自由度指数类似。该指数的计算同样以市场化为导向，市场化程度越高的地区指标值也越高。总

---

① 泰巴尔迪和艾尔姆斯（2013）也是以技术创新方程设计计量方程，但该文以 1920 年人力资本存量替代研发人员投入。而本书当期研发人员投入，因本书采用产业数据，当期研发人员能更好地对应。

指数包含了 5 个子指标：政府与市场的关系、非国有经济的发展、产品市场发展程度、要素市场发展程度、市场中介组织与法律制度环境。同美国传统基金会和费雷泽研究所的指数相比，未包含货币稳健性和贸易自由指数。同上述两个指数相比，中国市场化指数设计的指标较少，但计算了我国每个直辖市和省份的市场化指数。我们能够利用每个省份的数据或省级面板数据研究我国的经济问题，而且该指数也是目前衡量我国市场化程度或制度质量最为全面的指标。下文在研究我国制造业技术创新时会用到该指数。

本章的相关性检验也表明，除引进外资程度外，市场化指数、产权保护、金融市场化、信贷配置市场化和政府与市场的关系两两之间的相关系数高达90%。为避免解释变量间的多重共线性，本书将分别估计它们对专利申请量的影响。

同第 7.2 节的计量模型相比，本节解释变量中增加了 FDI 引资环境。FDI主要通过竞争效应、示范效应和人力资本流动效应影响东道国的技术创新。而 FDI 技术外溢的影响因素包括技术差距、人力资本特征以及跨国公司和东道国的其他特征。所以 FDI 对东道国技术创新的影响机制较为复杂。刘小鲁（2010）研究表明，FDI 能够显著促进我国的技术创新；而张中元和赵国庆（2012）研究表明，FDI 阻碍了我国各地区及国有、私营和外资企业的技术创新。余泳泽（2012）研究表明，FDI 的技术外溢效应存在"门槛条件"。当FDI 规模较小时技术外溢效应不显著，当 FDI 规模处于适中时存在正的技术外溢效应，当 FDI 规模较大时正的技术外溢会大幅下降。但是当 FDI 规模较大时，如果中外资企业的技术差距过大反而会阻碍技术外溢。

本节计量模型的设计可能存在内生性问题。模型设计内生性问题来源于三个方面。首先，解释变量制度质量与被解释变量的互为因果关系。因此，计量方程可能由于互为因果关系生产内生性。其次，解释变量与残差项相关。研发人员投入和制度变量均为当期项，因而可能与残差项存在相关性。最后，测量误差。准确量化一个经济社会的制度很困难，因此，本章所用的制度变量可能存在测量误差，进而与残差项相关。如果直接采用最小二乘法（OLS）估计计量方程，将导致有偏且不一致的系数估计值。为此，我们需要寻找研发人员投入和制度变量的工具变量，并采用两阶段最小二乘法（2SLS）重新估计计量方程。这里选择制度和研发人员投入的滞后一期值作为工具变量。

7.3.2 高技能制造业的估计结果

估计样本为1997~2009年31个省、市、自治区（不包含西藏）的省级高技能制造业面板数据。高技能制造业为医药制造业、航天航空制造业、电子及通信设备制造业、电子计算机及办公设备制造业和医疗设备和仪器仪表制造业。数据来源于《中国高技术统计年鉴》。①

表7.8中的（1）~（2）列为市场化指数的估计结果，（3）~（7）列为构成市场化指数的各子指标的估计结果。估计结果显示，市场化指数对高技能产业技术创新有较为显著的正向影响。该结论同泰巴尔迪和艾尔姆斯（2013）研究中的跨国实证结论一致，即市场化导向的制度能够显著地促进技术创新。金融市场化、信贷配置市场化和政府与市场关系同样对技术创新有显著的正向影响，这同上文的理论预期是一致的。外资引进程度的系数为正，但对整个高技能产业技术创新的影响不显著。

表7.8 高技能产业技术创新（工具变量）

项目	（I1）	（I2）	（I3）	（I4）	（I5）	（I6）	（I7）	（I8）
市场化指数	3.969 *** (0.178)	4.430 *** (0.232)						
产权保护			1.205 *** (0.0663)	1.307 *** (0.103)				
产权保护× 1995专利				−0.0610 (0.0480)				
金融市场化					3.72 *** (0.176)			
信贷配置 市场化						1.636 *** (0.125)		
引进外资 程度							0.149 (0.175)	
政府与 市场关系								5.293 *** (0.351)

---

① 对计量方程分别运用OLS和2SLS方法估计结果表明，两种方法所估计的系数符号和显著性基本一致。因此，限于空间，本书只列出2SLS的估计结果。

续表

项目	(I1)	(I2)	(I3)	(I4)	(I5)	(I6)	(I7)	(I8)
研发人员比例		0.156 (0.137)	0.348 *** (0.134)	0.355 *** (0.134)	0.271 * (0.155)	0.268 * (0.158)	0.741 *** (0.154)	0.175 (0.154)
1995 年专利		0.276 *** (0.0624)	0.246 *** (0.0631)	0.324 *** (0.0878)	0.279 *** (0.0727)	0.263 *** (0.0717)	0.190 ** (0.0792)	0.273 *** (0.0706)
固定效应	是	是	是	是	是	是	是	是
观测值	1132	777	775	775	641	765	775	777
拟合度	0.515	0.638	0.626	0.628	0.569	0.535	0.406	0.536

注：括号内为标准差，* $p < 0.1$，**$p < 0.05$，***$p < 0.01$，限于空间，地区虚拟变量和产业虚拟变量的估计结果未列出。

产权保护对技术创新存在显著的正向影响，表明产权保护对我国高技能产业的研发活动有正向激励作用。1995 年的专利申请量对 1997～2009 年专利申请量存在显著的正向影响，表明过去的专利发明对后续技术创新存在明显的技术外溢效应。范、吉兰和余（2013）研究表明，产权保护越弱，技术外溢对技术创新的作用越大，因此，产权保护与技术外溢交叉项的系数显著为负。为此，借鉴范、吉兰和余（2013），在估计时增加了产权与技术外溢的交互项。表 7.8 中（I4）列表明，交互项的系数虽然为负，但系数不显著。这说明无论产权保护强弱，技术外溢对高技能产业技术创新的影响不会发生明显的变化。可能的原因在于，高技能产业的技术水平较高，模仿困难，即使在产权保护变弱的情况下，技术外溢效应也不会有太大的变化。

研发人员投入对技术创新的正向影响较为显著。有些文献将研发人员投入和研发经费投入同时作为解释变量，如张中元、赵国庆（2012），但实际上研发人员投入和研发经费投入存在很强的相关性，或者说，两者都反映了研发投入多少这一事实。例如，本书所用的《中国高技能产业统计年鉴》1997～2008 年科研人员投入和研发经费投入的相关性高达 0.95。因此，本书并未将研发经费投入作为解释变量。[①] 在控制了研发人员投入和技术外溢后，模型的拟合度为 50%～60%。这说明制度质量可以解释高技能产业技术创新

---

① 作者将人均研发经费投入作为解释变量替代研发人员投入比例重新估计计量模型，结果同表 7.8 类似。限于空间，这里不再列出。本书并未将两个变量放在一起估计也是为了防止多重共线性。

的 50% 左右，这同泰巴尔迪和艾尔姆斯（2013）研究中的跨国经验分析相一致。

7.3.3 中等技能制造业的估计结果

由于缺乏省级细分行业的中等技能制造业专利数据，因此，本节采用《中国科技统计年鉴》全国维度的细分行业数据。相应地，制度质量采用全国维度的制度质量数据，方法是将各地区的制度质量数据取算术平均值。此外，由于未能获得 1995 年的专利数据，本节以 1996 年的专利数据作为技术外溢的指标。鉴于《中国科技统计年鉴》缺乏连续的研发人员数据和 2009 年科技活动人员数据，本节以科技活动人员代替研发人员，样本期间为 1997～2008 年。

表 7.9 的结果表明，市场化指数、产权保护、金融市场化、信贷配置市场化和政府与市场的关系对中等技能制造业技术创新的影响显著为正，这同高技能产业的估计结果一致。但不同的是，首先，产权保护与 1996 年专利的交叉项显著为负。由于中国作为发展中国家，产权保护力度较弱，交叉项的负系数表明，中等技能制造业的技术创新对技术外溢的依赖较高技能产业大。表 7.8 中 1995 年专利的系数在 0.25 左右，而表 7.9 中 1996 年专利的系数在 0.7 左右，这进一步表明技术外溢对中等技能制造业技术创新的重要性。加强产权保护虽然不利于技术外溢（范、吉兰和余，2013），但表 7.9 显示，产权保护的系数要显著大于技术外溢的系数，即加强产权保护对技术创新的影响更大。因此，加强产权保护对非高技能产业的技术创新是有利的。其次，吸引外资程度的系数显著为负。影响 FDI 对东道国技术创新的因素很多，如东道国的技术差距、人力资本状况、市场规模以及跨国公司自身的特征或动机等。FDI 主要通过竞争效应、示范效应和人力资本流动效应等渠道影响技术创新。比较表 7.8 和表 7.9，FDI 对中等技能制造业负向影响的原因可能在于，中等技能制造业的技术水平和人力资本状况较外资企业差，在市场竞争中处于不利地位。

通过比较制度质量对高技能制造业和中等技能制造业技术创新的影响系数，可知，总体上，高技能制造业中制度质量的系数较大，这表明，制度质量是高技能偏向性的。

表 7.9　　　　　　　　中等技能制造业技术创新（工具变量）

项目	（I1）	（I2）	（I3）	（I4）	（I5）	（I6）	（I7）	（I8）
市场化指数	3.636 *** (0.316)	3.763 *** (0.202)						
产权保护			1.195 *** (0.0626)	1.710 *** (0.163)				
产权保护× 1996专利				−0.131 *** (0.0384)				
金融市场化					2.056 *** (0.162)			
信贷配置 市场化						1.752 *** (0.0891)		
引进外资 程度							−4.421 *** (0.681)	
政府与 市场关系								4.755 *** (0.293)
研发人员 比例		0.458 *** (0.134)	0.403 *** (0.135)	0.413 *** (0.133)	0.423 *** (0.142)	0.411 *** (0.130)	0.505 ** (0.211)	0.588 *** (0.141)
1996年专利		0.663 *** (0.0361)	0.672 *** (0.0363)	0.825 *** (0.0575)	0.628 *** (0.0381)	0.671 *** (0.0350)	0.645 ** (0.0566)	0.646 *** (0.0377)
固定效应	是	是	是	是	是	是	是	是
观测值	370	364	364	364	299	364	364	364
拟合度	0.575	0.829	0.827	0.833	0.820	0.839	0.579	0.814

注：括号内为标准差，* $p<0.1$，** $p<0.05$，*** $p<0.01$. 限于空间，产业虚拟变量的估计结果未列出。

7.3.4　产权维度的估计结果

上文将整个制造业作为整体进行分析，没有考虑产业内部的产权结构差异。由于国有企业和外资企业存在产权结构、治理结构、人力资本、政府支持以及企业行为动机等方面的差异，因而可能导致这两类企业对同样的制度环境做出不同的反应。因此，本书考察制度质量对国有企业和外资企业高技能制造业技术创新的影响，从而从产权、公司治理及政府与企业关系的维度了解制度质量对高技能偏向性技术进步的影响。由于《中国科技统计年鉴》

缺乏产权结构维度的细分产业的数据，因此，本书选择高技能产业的国有企业和外资企业作为考察对象。样本期为1997～2009年。经估计，OLS方法和2SLS方法估计的系数符号和显著性基本一致。限于空间，这里只列出2SLS方法的估计结果。

1. 国有企业估计结果

表7.10中是国有企业的估计结果。第（1）列的解释变量没有包括研发人员投入和技术外溢的影响，结果表明，市场化指数对技术创新有显著的正向影响。但是，当增加了控制变量研发人员投入和技术外溢后，市场化指数的系数变得不显著。同样地，产权保护、金融市场化、信贷配置市场化、引进外资程度和政府与市场的关系的系数也不显著。这表明制度质量对国有高技术企业的技术创新无显著的影响。研发人员投入和技术外溢对技术创新有显著的正向影响，这表明，相对于无形的制度环境，国有企业的技术创新更依赖研发投入和技术外溢。出现这个结果最可能的原因是国有企业改革不彻底，缺乏有效的激励机制，而且受政策保护或本身就是垄断企业，不论外部市场环境如何变化都不会影响国企的生存和收益。因此，国有企业缺乏自主技术创新的动力。

表7.10　　　　国有及国有控股企业高技能产业技术创新（工具变量）

项目	（I1）	（I2）	（I3）	（I4）	（I5）	（I6）	（I7）	（I8）
市场化指数	4.759*** (0.504)	0.532 (0.972)						
产权保护			0.277 (0.268)	0.380 (0.364)				
产权保护× 1995专利				−0.0413 (0.112)				
金融市场化					−0.229 (0.903)			
信贷配置 市场化						0.319 (0.415)		
引进外资 程度							−0.385 (1.109)	
政府与 市场关系								0.258 (1.471)

续表

项目	（I1）	（I2）	（I3）	（I4）	（I5）	（I6）	（I7）	（I8）
研发人员 比例		2.159*** (0.391)	2.061*** (0.385)	2.059*** (0.384)	3.18*** (0.458)	2.122*** (0.381)	3.139*** (0.260)	3.62*** (0.393)
技术外溢		0.944*** (0.101)	0.947*** (0.0983)	1.006*** (0.187)	0.918*** (0.110)	0.946*** (0.0998)	0.939** (0.104)	0.941*** (0.103)
固定效应	是	是	是	是	是	是	是	是
观测值	244	221	221	221	184	221	221	221
拟合度	0.274	0.379	0.410	0.410	0.381	0.392	0.339	0.356

注：括号内为标准差，＊ $p<0.1$，＊＊$p<0.05$，＊＊＊$p<0.01$. 限于空间，产业虚拟变量的估计结果未列出。

表7.10 中所得结果的政策含义是，如果我们仅考虑技术创新是国有企业的目标，那么国有企业可能对市场化导向的制度改革并无太大的兴趣，而更多地考虑研发投入等有形资本对技术创新的贡献。此外，由于加强产权保护会抑制技术外溢（范、吉兰和余，2013），而国有企业进行技术创新又倚重于技术外溢。因此，产权保护反而会限制国企的技术创新。与本结论互补的研究是，阿格里、坤特和马克斯莫维奇（Ayyagari、Kunt and Maksimovic，2011）利用 34 个发展中国家（包括中国）的数据研究发现，国有产权比重上升不利于这些发展中国家的技术创新，而且相比民营企业，国有企业即使获得外部融资也不愿意用于技术创新。鉴于此，我国应该继续推行国有企业的市场化改革，使其对市场化导向的制度更加敏感，进而提升国有企业对技术创新的激励。

2. 外资企业估计结果

表7.11 中的结果显示，市场化指数、产权保护、金融市场化、信贷配置市场化和政府与市场的关系对外资企业技术创新有显著的正向影响。产权保护和1995 年专利的交叉项影响不显著，这同表7.8 中整个高技能产业的估计结果相似。外资引进程度对外资企业技术创新存在显著的负向影响。根据《中国高技能产业统计年鉴》，外资企业总产值占高技能产业总产值由1997年的49%上升到2009 年的67%，出口交货值占总出口交货值由1998 年的82%上升到2009 年的89%，而研发经费内部支出占高技能产业总研发支出由1997 年的17%上升到2009 年的37%。这些数据表明，外资企业研发投入比例远低于其在中国所占的市场份额，外资企业主要是为了利用中国相对完

备的基础设施和廉价的要素资源，并将中国作为生产加工和出口基地。黄志勇（2013）的研究也表明，外资企业更倾向于保护自身的技术不外溢，而且其技术主要来自母公司，导致外资企业在中国的技术创新效应不显著。所以，本书所得结论的原因可能是，当政府提供更加优惠的引资条件时，外资企业减少研发投入仍能获得和以前一样的利润，于是将原本用于研发的投入用于生产和出口，从而获得更多的利润，即引资政策对研发投入产生了替代效应。

表 7.11　　　　　　　　外资企业高技能产业技术创新（工具变量）

项目	（I1）	（I2）	（I3）	（I4）	（I5）	（I6）	（I7）	（I8）
市场化指数	5.409 *** (0.526)	4.472 *** (0.729)						
产权保护			1.270 *** (0.223)	1.248 *** (0.328)				
产权保护 × 1995 专利				0.0159 (0.167)				
金融市场化					2.788 *** (0.589)			
信贷配置 市场化						2.119 *** (0.341)		
引进外资 程度							− 3.703 *** (1.371)	
政府与 市场关系								6.334 *** (0.961)
研发人员 比例		0.979 *** (0.332)	0.984 *** (0.356)	0.984 *** (0.356)	0.940 ** (0.405)	0.894 ** (0.350)	2.006 *** (0.330)	1.240 *** (0.297)
技术外溢		0.555 *** (0.151)	0.518 *** (0.156)	0.496 * (0.277)	0.532 *** (0.169)	0.541 *** (0.152)	0.352 * (0.210)	0.559 *** (0.152)
固定效应	是	是	是	是	是	是	是	是
观测值	192	119	119	119	100	119	119	119
拟合度	0.392	0.681	0.657	0.657	0.622	0.673	0.367	0.678

注：括号内为标准差，* $p < 0.1$，**$p < 0.05$，***$p < 0.01$. 限于空间，产业虚拟变量的估计结果未列出。

比较国企和外资企业的高技能产业的技术创业，国企面临的制度环境对高技能产业的技术创新无显著影响，而外资企业面临的制度环境却显著地提高了高技能产业的技术创新。这个结论同本的理论模型的结果和阿吉翁、阿克希特和霍伊特（2013）是一致的。

表7.8～表7.11的估计结果表明，市场化指数、产权保护、金融市场化、信贷配置市场化和政府与市场的关系对各类制造业技术创新均有显著的正向影响，但制度质量对高技能产业技术创新的影响更大。本章的结论也表明，无论是中国这样的发展中国家还是发达国家，就目前一段发展时期而言，制度质量是高技能偏向性的，制度质量的提升有利于这些国家高技能产业的技术创新。

7.4 小结

本章首先采用欧美发达国家的数据实证研究表明，制度质量能够显著促进技能偏向性技术进步。其次利用发达国家、中国和俄罗斯等有代表国家的数据实证研究表明，产权保护、政府规模、经济监管、信贷监管、货币稳健性和整体制度质量能够显著地促进技术创新，尤其对高技能产业的技术创新影响更大。采用中国1997～2009年数据进行制度质量与技能偏向性技术进步的影响进行稳健性经验表明，总体制度质量、产权保护、金融市场化和政府与市场的关系对制造业技术创新有显著的正向影响。吸引外资程度对整体高技术产业技术创新影响不显著，而且对中等技术制造业和外资高技术产业技术创新有显著的负向影响。制度质量对国企高技术产业技术创新影响不显著。此外，产权保护不会限制高技术产业技术外溢对技术创新的影响，但对中等技术制造业的技术外溢形成约束。由于技术—技能互补，所以制度质量能够显著地促进技能偏向性技术进步。

第 8 章

技能偏向性技术进步与劳动力市场极化实证研究

8.1 引言

上面三章分析了劳动禀赋结构、国际贸易和制度质量对技能偏向性技术进步的影响，本章分析技能偏向性技术进步对劳动力市场极化的影响。下一章分析南北贸易对劳动力市场极化的影响。

本章及第 9 章与以下文献有关。首先，阿西莫格鲁和奥特尔（2010）建立了一个基于工作的理论模型（task-based model）分析了技能偏向性技术进步对劳动力市场极化的影响。奥特尔和多恩（2012），迈克尔斯等（2010）和古斯、马宁和萨洛蒙斯（2009）主要从经验角度研究了技能偏向性技术进步对欧美国家劳动力市场的影响。其次，国际贸易对技能偏向性技术进步影响的经验研究。甘斯和邦戈理（2008）以及布鲁姆、德拉卡和范瑞尼（2011）从理论和经验角度研究表明，国际贸易促进了发达国家的技能偏向性技术进步。这些研究为考察国际贸易对劳动力市场计划提供了重要的理论和经验基础。

8.2 实证分析

8.2.1 就业极化

8.2.1.1 模型设计

根据理论模型的分析，本节首先检验技能偏向性技术进步对就业的影响。[①] 检验方程见式8.1a、式8.1b、式8.1c。

$$\ln\left(\frac{L_i}{L}\right)_{jt} = \alpha_{i0} + \alpha_{i1}\ln(ITP)_{jt} + \alpha_{i2}X_{jt} + \varepsilon_{jt}, i = H, R, M \qquad (8.1a)$$

$$\ln\left(\frac{L_H}{L_R}\right)_{tt} = \alpha_{R0} + \alpha_{R1}\ln(ITP)_{jt} + \alpha_{R2}X_{tt} + \varepsilon_{jt} \qquad (8.1b)$$

$$\ln\left(\frac{L_M}{L_R}\right)_{jt} = \alpha_{M0} + \alpha_{M1}\ln(ITP)_{jt} + \alpha_{M2}X_{jt} + \varepsilon_{jt} \qquad (8.1c)$$

其中，j 为国家；t 为时间。上述三式分别用来检验技能偏向性技术进步对高、中、低技能劳动就业占总就业比重（L_i/L）、高技能劳动/中等技能劳动（L_H/L_R）和低技能劳动/中等技能劳动（L_M/L_R）就业比的影响。ITP 为 IT 资本价格指数，用来表示技能偏向性技术进步。控制变量包括贸易开放度、外包和资本—劳动比。传统的新古典贸易理论认为，由于发达国家的高技能劳动较丰富，所以国际贸易能够提高发达国家对高技能劳动的相对需求，降低对中低技能劳动的相对需求。由于高技能劳动与低技能劳动存在互补性，所以，国际贸易也有可能提高对低技能劳动的相对需求。外包在上文已分析。鉴于资本技能的互补性，本章加入资本劳动比作为控制变量。控制变量中还增加了高技能行业技术的外溢效应，以信息技术服务业从业人员占总劳动的比例表示（原理同第5章相同）。数据来源同第5章相同。

8.2.1.2 估计结果

表8.1 中的前6个模型的被解释变量为高技能、中等技能和低技能劳动就业占总就业的比重，后4列的被解释变量变为高技能和低技能劳动相对于中等技能劳动的相对就业。估计方法为最小二乘法（OLS）。

除（3）列和（4）列，其余的8列表明，IT 资本价格指数的系数均为负且比较显著，即高技能增强型技术是偏向高技能劳动和低技能劳动的，技术进步提高了高低技能劳动的相对就业份额。相反，（3）列和（4）列中，IT 资本价格指数的系数为负且比较显著，说明高技能增强型技术进步降低了对中等技能劳动的相对需求。因此，高技能产业的技术进步对欧美国家劳动力市场的极化影响显著。控制变量中，资本—劳动比（资本深化）促进了劳动力市场极化，从而间接证明了资本技能互补假说。贸易开放度对劳动力市场

---

① 外生技能偏向性技术进步对劳动力市场极化的分析见附录5。

表 8.1　就业极化与技能偏向性技术进步

项目	(1) 高技能	(2) 高技能	(3) 中技能	(4) 中技能	(5) 低技能	(6) 低技能	(7) 高/中	(8) 高/中	(9) 低/中	(10) 低/中
IT资本价格指数	-0.115*** (0.00369)	-0.039*** (0.008)	0.084*** (0.002)	0.060*** (0.005)	-0.004*** (0.002)	-0.034*** (0.00664)	-0.198*** (0.005)	-0.099*** (0.012)	-0.088*** (0.002)	-0.094*** (0.010)
贸易开放度		-0.006 (0.010)		0.009 (0.006)		-0.025*** (0.008)		-0.015 (0.015)		-0.033*** (0.012)
外包		-0.105 (0.101)		0.057 (0.0599)		0.024 (0.081)		-0.162 (0.143)		-0.033 (0.116)
资本—劳动比		0.683*** (0.107)		-0.431*** (0.063)		0.088 (0.085)		1.115*** (0.151)		0.519*** (0.121)
技术外溢		6.913*** (1.428)		-3.367*** (0.843)		-3.45* (1.143)		10.28*** (2.018)		1.153 (1.627)
固定效应p值	0.0000	0.0000	0.0000	0.0000	0.0000	0.0000	0.0000	0.0000	0.0000	0.0000
观测值	360	234	360	234	360	234	360	234	360	234
拟合度	0.736	0.837	0.904	0.934	0.0190	0.294	0.826	0.910	0.797	0.850

注：括号内为标准差，* p<0.1，** p<0.05，*** p<0.01。

影响不显著，而且还降低了低技能劳动的就业份额。在此我们只分析了贸易开放度的影响，本书将在下一章详细分析发达国家之间、发达国家和发展中国家之间的进出口贸易对劳动力市场极化的影响。外包对劳动力市场无显著的影响，该结论同奥特尔和多恩（2012）的结论一致。技术外溢只提高了高技能劳动的相对需求，但降低了中等技能和低技能劳动的相对需求。

为了进一步理解偏向性技术进步对劳动力市场极化的影响，本章分别计算 IT 资本价格指数对被解释变量的解释力。根据邵敏和黄玖力（2010）的计算方法，结合式（8.1），实际解释力的计算公式为：

$$\text{Expower} = c_{i1} \, \text{dln} \, (\text{ITP})_{2007-1970} / \text{dln} \left(\frac{L_i}{L} \right)_{2007-1970}, i = H, R, M \qquad (8.2)$$

根据式（8.2）和表 8.1 中的系数计算可知（见表 8.2），考虑控制变量后，IT 资本价格指数对高、中技能劳动的劳动就业占比和高/中等技能劳动就业比例的解释力下降，对低技能劳动就业的解释力上升。同控制变量比，技能偏向性技术进步的解释力最大，技术外溢的解释力次之，贸易开放的解释力较小。

表 8.2　　　　　　　就业极化与技能偏向性技术进步的解释力

项　　目	高技能	中技能	低技能	高/中	低/中
ITP（未加控制变量）	0.80	0.91	− 0.45	0.84	1.06
ITP（加控制变量）	0.27	0.65	− 3.82	0.42	1.14
贸易开放	不显著	不显著	1.19	不显著	− 0.17
资本—劳动比	0.10	0.10	不显著	0.10	0.13
技术外溢	0.16	0.12	1.29	0.14	不显著

注：＊由于低技能劳动就业比例（mskill）的平均值在 1970～2007 年间下降，所以表 8.2 中 mskill 对应的负值解释力表示解释变量对低技能劳动就业比例（mskill）有正的影响。实际上，1970～2007 年间，中等技能劳动就业的占比也下降，只有高技能劳动的就业占比上升。

8.2.1.3　内生性问题

根据本书的理论模型，劳动禀赋结构的变化会引发技能偏向性技术进步。发达国家高技能劳动的相对供给上升会促进高技能偏向性技术进步。因此，本节计量模型的设定可能存在双向因果关系，从而产生内生性。此外，利用 IT 资本价格指数作为技能偏向性技术进步的指标可能存在测量误差，导致 IT 资本价格指数与残差项存在相关性，从而使估计系数存在偏差。因此本书利用IT资本价格指数的滞后一期值作为工具变量对式（8.1）重新估计。估计方法采用两阶段最小二乘法（2SLS）。

表8.3中的估计结果同表8.1较为一致，均表明IT资本价格指数下降导致了劳动力市场极化。不同的是，在考虑了内生性问题以后，IT资本价格指数下降对劳动力市场极化的影响更大，即表8.1中低估了IT资本价格指数对低技能劳动的就业份额，但高估了对中等技能劳动的就业份额。[①]

8.2.2 劳动报酬份额的极化

除了就业极化，欧美国家还经历了各技能劳动的劳动报酬份额的极化。本节的估计模型将式（8.1）的被解释变量替换为劳动报酬份额。其余变量不变。表8.4中（1）列～（6）列的被解释变量为高、中、低技能劳动报酬占总劳动报酬的比例，（7）列～（10）列的被解释变量分别为高、低技能劳动报酬与中等技能劳动报酬的比例。估计方法为最小二乘法（OLS）。

估计结果表明，IT资本价格指数下降提高了高技能劳动报酬份额，降低了中等技能劳动报酬份额，但不会提高低技能劳动报酬份额。劳动报酬份额极化的结果不明显。因此，本章又估计了（7）列～（10）列，结果表明，IT资本价格指数下降提高了高技能劳动和低技能劳动相对于中等技能劳动的报酬份额，即劳动报酬份额存在极化现象。本节的结论同迈克尔斯等（2010）类似。

控制变量中，资本—劳动比和技术外溢对劳动报酬份额的影响比较显著，而且都促进了劳动报酬份额的极化。资本劳动比的系数还表明，资本技能互补性和高技能劳动与低技能劳动的互补性是成立的，而且高技能劳动和中等技能劳动是相互替代的。贸易开放和外包对劳动报酬份额极化的影响总体上不是很显著。

根据式（8.2）的方法，本章计算了表8.4IT资本价格指数对被解释变量的解释力（见表8.5）。可以看出，技能偏向性技术进步的解释力在增加控制变量后虽下降，但和控制变量比，其解释力仍最大，技术外溢的解释力次之，

---

① 因为IT资本价格指数和高、中、低就业比例值不变，所以根据式（8.2），表8.3中解释力的计算同表8.1中的系数有可比性。通过表8.1中和表8.3中系数的比较可知，表8.3中的解释力比较结果同表8.1类似。

表8.3 就业极化与技能偏向性技术进步（工具变量）

项　目	(1) 高技能	(2) 高技能	(3) 中技能	(4) 中技能	(5) 低技能	(6) 低技能	(7) 高/中	(8) 高/中	(9) 低/中	(10) 低/中
IT资本价格指数	-0.112*** (0.00362)	-0.031*** (0.009)	0.084*** (0.001)	0.061*** (0.005)	-0.006*** (0.002)	-0.035*** (0.007)	-0.195*** (0.00480)	-0.092*** (0.012)	-0.089*** (0.002)	-0.096*** (0.010)
贸易开放度		-0.0005 (0.010)		0.009 (0.006)		-0.026*** (0.008)		-0.010 (0.014)		-0.035*** (0.011)
外包		-0.095 (0.0968)		0.045 (0.057)		0.037 (0.079)		-0.140 (0.136)		-0.009 (0.112)
资本—劳动比		0.665*** (0.102)		-0.421*** (0.060)		0.0964 (0.082)		1.086*** (0.143)		0.518*** (0.117)
技术外溢		8.066*** (1.426)		-3.204*** (0.845)		-3.177*** (1.158)		11.27*** (2.008)		0.857 (1.644)
固定效应p值	0.0000	0.0000	0.0000	0.0000	0.0000	0.0000	0.0000	0.0000	0.0000	0.0000
观测值	350	232	350	232	350	232	350	232	350	232
拟合度	0.907	0.977	0.936	0.965	0.924	0.961	0.921	0.977	0.868	0.916

注：括号内为标准差，* $p<0.1$，**$p<0.05$，***$p<0.01$。

表 8.4　技能劳动报酬份额与技能偏向性技术进步

项　目	(1) 高技能	(2) 高技能	(3) 中技能	(4) 中技能	(5) 低技能	(6) 低技能	(7) 高/中	(8) 高/中	(9) 低/中	(10) 低/中
IT资本价格指数	-0.105*** (0.00321)	-0.049*** (0.007)	0.078*** (0.002)	0.056*** (0.007)	0.020*** (0.002)	-0.003 (0.007)	-0.999*** (0.036)	-0.409*** (0.049)	-0.874*** (0.033)	-0.363*** (0.049)
贸易开放度		-0.005 (0.008)		0.007 (0.009)		-0.023** (0.009)		0.077 (0.063)		0.060*** (0.062)
外包		-0.094 (0.080)		0.020 (0.083)		0.122 (0.082)		-0.126 (0.604)		0.090 (0.599)
资本—劳动比		0.403*** (0.084)		-0.308*** (0.087)		0.152* (0.086)		1.733*** (0.635)		1.482** (0.630)
技术外溢		6.023*** (1.118)		-3.319*** (1.167)		-3.076** (1.151)		35.28*** (8.503)		26.19*** (8.437)
固定效应 p 值	0.0000	0.0000	0.0000	0.0000	0.0000	0.0000	0.0000	0.0000	0.0000	0.0000
观测值	357	234	357	234	357	234	357	234	357	234
拟合度	0.754	0.893	0.803	0.865	0.318	0.222	0.694	0.895	0.671	0.862

注：括号内为标准差，*p<0.1，**p<0.05，***p<0.01。

贸易开放的解释力最小。由于技术外溢的含量指标是信息行业工人占比，这也可以看作技能偏向性技术进步的一种形式，所以，技能偏向性技术进步的解释力更大。

表 8.5　　　　　　技能劳动报酬份额与技能偏向性技术进步解释力

项　　目	高技能	中技能	低技能	高/中	低/中
ITP（未加控制变量）	1.25	0.94	0.76	0.78	0.78
ITP（加控制变量）	0.41	0.67	不显著	0.32	0.32
贸易开放	不显著	不显著	0.34	不显著	0.02
资本—劳动比	0.072	0.079	−0.12	0.029	0.028
技术外溢	0.17	0.13	0.45	0.09	0.08

表 8.4 中 IT 资本价格指数的系数可能存在偏差。首先，如上文所述，IT 资本价格指数存在测量误差。其次，IT 资本价格指数可能不能准确衡量偏向性技术进步，因此，本节还采用了人均计算机拥有率作为技能偏向性技术进步的指标进行稳健性检验，估计方法为两阶段最小二乘法。表 8.6 中的估计结果表明，技能偏向性技术进步对劳动报酬份额极化的影响是显著的。

表 8.6　　　　技能劳动报酬份额与技能偏向性技术进步（工具变量）

项　　目	(1) 高/中	(2) 低/中		(3) 高/中	(4) 低/中
IT 资本价格指数	−1.066 *** (0.047)	−0.944 *** (0.044)	人均计算机 拥有率	0.617 *** (0.012)	0.526 *** (0.012)
固定效应	是	是		是	是
观测值	348	348		205	205
拟合度	0.9415	0.9475		0.9968	0.9976

注：括号内为标准差，* $p<0.1$，**$p<0.05$，***$p<0.01$。

8.2.3　美国劳动力市场的工资极化

8.2.3.1　模型设计

本节根据上文的理论模型及式（2.15），并参考奥特尔和登（2012）的研究，计量模型设计如下：

$$\ln \left(\frac{w_H}{w_R} \right)_{jt} = \alpha_{H0} + \alpha_{H1} \ln \left(\frac{L_H}{L_R} \right)_{jt} + \alpha_{H2} X_{jt} + \varepsilon_{jt} \tag{8.3a}$$

$$\ln \left(\frac{w_M}{w_R} \right)_{jt} = \alpha_{R0} + \alpha_{R1} \ln \left(\frac{L_M}{L_R} \right)_{jt} + \alpha_{R2} X_{jt} + \varepsilon_{jt} \tag{8.3b}$$

其中，j 为产业；t 为时间。被解释变量为高技能/中等技能劳动的工资（w_H/w_R）和低技能/中等技能劳动（w_M/w_R）的比，解释变量为与其对应的相对劳动供给。式（8.1）和式（8.3）的设定方法不同，原因在于式（8.1）的被解释变量是高、中和低技能劳动的比例，所以解释变量与式（8.3）不同。另外，式（8.3）的设置是根据式（2.15），这即可以检验高、中、低技能劳动间的替代性，也可以检验技能偏向性技术进步对工资极化的影响。数据选取 1970~2005 年美国 14 个两位数产业分类数据，来源于 EU KLEMS 数据库（2008）。每个产业均包括 16~29 岁、30~49 岁和 50 岁以上的三个年龄段的高技能劳动、中等技能劳动和低技能劳动的就业数据和工资数据。控制变量包括年份虚拟变量、产业虚拟变量、年龄虚拟变量和性别虚拟变量。根据理论分析，当高技能劳动和低技能劳动为互补时，$\alpha_{H1} < 0$。当高技能劳动、低技能劳动和中等技能劳动相互替代时，$\alpha_{H1} > 0$，$\alpha_{R1} > 0$。

直接估计上式可能带来内生性问题。首先，反向因果关系。相对工资可能会影响解释变量相对劳动。其次，高、中和低技能劳动可能会在产业间流动。因此，本节利用相对劳动的差分形式作为工具变量，利用两阶段最小二乘法处理内生性问题。[①] 我们按奥特尔和多恩（2012）的产业分类方法，将 14 个产业分为三类：高技能产业、中等技能产业和低技能产业。分别估计每一类产业中相对劳动变动对相对工资的影响。

8.2.3.2 实证分析

表 8.7 估计了式（8.3）。表的第一部分为高、中和低技能整个产业的估计结果，第二、三、四部分分别为高技能产业、中等技能产业和低技能产业的估计结果。估计结果表明，高技能劳动/中等技能劳动上升将显著提高高技能/中等技能劳动的相对工资。同样地，低技能劳动/中等技能劳动上升将显著提高低技能/中等技能劳动的相对工资。这说明，高、低技能劳动和中等技

---

① 作者利用 OLS 估计方法估计了式（8.3），结果表明，系数值符号与 2SLS 估计方法一致，这表明两种方法无实质性差别。

能劳动的替代弹性是很大的，当高技能劳动和低技能劳动的相对供给上升时，市场规模效应大于价格效应，因而促进了高技能偏向性和低技能偏向性技术进步。

比较高、中、低技能产业中的系数。首先，高技能产业高技能/中等技能劳动对相应的相对工资的影响最大；其次，中等技能产业；最后，低技能产业。可见，技能要求越高的产业，技能溢价（高技能/中等技能劳动的相对工资）越高。中等技能产业中低技能/中等技能劳动对相应的相对工资的影响最大。这表明，中等技能产业工资极化的现象更加明显。这个结果同本章理论模型的分析较为一致，即中等技能产业中等技能的工作更容易被信息技术代替，进而也提高了低技能/中等技能劳动的相对工资。

表 8.7　　　　　　　　　　　　　美国相对劳动供给与工资极化

项　　目	(1) 高/中	(2) 低/中	(3) 高/中	(4) 低/中
估计方法	OLS	OLS	2SLS	2SLS
高、中、低技能产业样本				
高/中	1.051 *** (0.007)		0.839 *** (0.157)	
低/中		0.982 *** (0.006)		0.855 *** (0.038)
观测值	3023	3024	2939	2940
拟合度	0.981	0.985	0.974	0.983
固定效应	是	是	是	是
高技能产业样本				
高/中	1.145 *** (0.010)		1.162 ** (0.577)	
低/中		1.006 *** (0.010)		0.797 *** (0.064)
观测值	1079	1080	1049	1050
拟合度	0.986	0.985	0.986	0.978
固定效应	是	是	是	是
中等技能产业样本				
高/中	1.088 *** (0.012)		0.963 *** (0.152)	

项　目	(1) 高/中	(2) 低/中	(3) 高/中	(4) 低/中
估计方法	OLS	OLS	2SLS	2SLS
中等技能产业样本				
低/中		1.011*** (0.013)		1.011*** (0.056)
观测值	432	432	420	420
拟合度	0.990	0.991	0.987	0.991
固定效应	是	是	是	是
低技能产业样本				
高/中	0.911*** (0.010)		0.790*** (0.123)	
低/中		0.969*** (0.010)		0.866*** (0.057)
观测值	1512	1512	1470	1470
拟合度	0.955	0.980	0.951	0.978
固定效应	是	是	是	是

注：括号内为标准差，* $p < 0.1$，** $p < 0.05$，*** $p < 0.01$。固定效应的估计中包括了年份虚拟变量、产业虚拟变量、年龄虚拟变量和性别虚拟变量。限于空间，表中未列出。

8.2.3.3　稳健性检验

每个产业中包括三个技能类型的劳动，式（8.3）仅检验了相对工资本身对应的相对劳动。而本书的理论模型表明，如表8.8的（3）列～（6）列，高技能/中等技能劳动的相对供给也会影响低技能/中等技能的相对工资。这是因为高技能劳动相对供给的增加即对中等技能劳动产生了替代，同时也提高了低技能劳动的需求。（7）列～（8）列根据理论模型检验了高技能劳动与低技能劳动的互补性。（3）列～（6）列的估计结果表明，低技能/中等技能劳动的相对工资主要受低技能/中等技能劳动相对供给的影响。高技能/中等技能劳动相对供给的变化影响不显著，而且也不能确定高技能劳动与中等技能劳动的替代弹性和中/高等技能劳动与低技能劳动的替代弹性孰大孰小。（7）列～（8）列第三行的估计结果表明，高技能劳动与低技能劳动的替代弹性仍然大于1，但第1行的估计结果表明，高技能劳动与低技能劳动的替代弹性小于高技能劳动与中等技能劳动的替代弹性。因此，当高技能劳动的相对供给上升时，将首先提高对低技能劳动的需求，从而提高低技能/中等技能劳动的相对工资。该结论同奥特尔和多恩（2012）的分析较为一致。细分高、中、低技能产业的估计结果同表 8.8 类似，这里不再列出（备索）。

表 8.8　　　　美国相对劳动供给与工资极化（稳健性检验）

项目	(1) 高/中	(2) 高/中	(3) 低/中	(4) 低/中	(5) 低/中 1990－2005	(6) 低/中 1990－2005	(7) 高/中	(8) 高/中
估计方法	OLS	2SLS	OLS	2SLS	OLS	2SLS	OLS	2SLS
高/中	1.051 *** (0.00646)	0.839 *** (0.157)	0.0138 *** (0.00520)	－0.131 (0.0986)	－0.00954 (0.00918)	0.0522 (0.0955)	0.139 *** (0.0144)	0.0910 (0.131)
低/中			0.986 *** (0.00658)	0.886 *** (0.0394)	0.971 *** (0.0120)	0.803 *** (0.0547)		
高/低							0.914 *** (0.0101)	0.880 *** (0.0537)
观测值	3023	2939	3024	2939	1260	1260	3023	2939
拟合度	0.981	0.974	0.986	0.981	0.980	0.975	0.989	0.988
固定效应	是	是	是	是	是	是	是	是

注：括号内为标准差，$* \ p<0.1$，$**p<0.05$，$***p<0.01$。

8.3　小结

20 世纪 90 年代以后，欧美国家普遍出现了劳动力市场极化的现象，高低技能劳动的就业份额上升，而中等技能的就业份额下降。其中，美国更是出现了工资极化的现象。本章在理论模型研究的基础上研究了技能偏向性技术进步对劳动力市场极化的影响。利用欧美 14 个国家的样本数据研究表明，技能偏向性技术进步对高、中、低技能劳动的就业极化和劳动报酬份额的极化具有显著的影响。利用美国的数据研究表明，高技能劳动与低技能劳动的替代弹性小于高技能与中等技能劳动的替代弹性。因此，当高技能劳动的相对供给上升时，将促进高技能偏向性技术进步和低技能偏向性技术进步，进而促进了美国劳动力市场的工资极化。

第9章

国际贸易、技能偏向性技术进步与劳动力市场极化实证研究

9.1 引言

本章利用 OECD 国家的数据考察南北贸易、中国—发达国家贸易及发达国家间贸易对劳动力市场极化的影响，并比较了国际贸易与技能偏向性技术进步两者影响的大小。上文已经分析了国际贸易对技能偏向性技术进步的影响，本章考察国际贸易对劳动力市场极化的影响。近年来，中国对欧美国家的进出口额大幅上升，其对欧美国家技术进步和劳动力市场的影响已引起政策领域和学术界的关注。例如，中美间的贸易摩擦近年来大幅度上升，中国汇率政策与贸易顺差的争论等。奥特尔、多恩和汉森（2012）研究表明，中国对美出口显著地减低了美国制造业的就业和工资，能够解释制造业就业下降的 25%。布鲁姆、德拉卡和范瑞尼（2011）研究中国对欧盟出口的就业影响，也得到类似的结论。基于此，本章还专门研究了中国进出口对欧美劳动力市场极化的影响。

9.2 实证分析

9.2.1 计量模型设计

欧美国家劳动力市场极化主要指高技能、中等技能和低技能劳动的就业

和劳动报酬份额的极化。工资还未出现普遍的极化现象，只有美国出现了工资极化现象。因此，根据理论模型的分析，计量模型设计见式9.1 式9.2。

$$\ln\left(\frac{L_H}{L_M}\right)_{jt} = \alpha_1\ln(IM)_{jt} + \alpha_2\ln(EX)_{jt} + \alpha_3 Tech_{jt} + \alpha_4 X_{jt} + \varepsilon_{jt}$$

$$\ln\left(\frac{L_L}{L_M}\right)_{jt} = \alpha_1\ln(IM)_{jt} + \alpha_2\ln(EX)_{jt} + \alpha_3 Tech_{jt} + \alpha_4 X_{jt} + \varepsilon_{jt}$$
(9.1)

$$\ln\left(\frac{Share_H}{Share_M}\right)_{jt} = \alpha_1\ln(IM)_{jt} + \alpha_2\ln(EX)_{jt} + \alpha_3 Tech_{jt} + \alpha_4 X_{jt} + \varepsilon_t$$

$$\ln\left(\frac{Share_L}{Share_M}\right)_{jt} = \alpha_1\ln(IM)_{jt} + \alpha_2\ln(EX)_{jt} + \alpha_3 Tech_{jt} + \alpha_4 X_{jt} + \varepsilon_t$$
(9.2)

其中，j 为国家；t 为时间；IM 为发达国家向发展中国家（中国）或发达国家进口；EX 为发达国家向发展中国家（中国）或发达国家出口。式（9.1）用来检验南北贸易、中—北贸易和发达国家对发达国家就业极化的影响。式（9.2）用来检验南北贸易、中—北贸易和发达国家间贸易对发达国家劳动报酬份额极化的影响。如果进口或出口对高技能和低技能劳动的相对就业和劳动报酬份额的影响均为正，即则说明进口（出口）促进了劳动力市场极化。$Tech_t$ 为技能偏向性技术进步指标 IT 资本价格指数。X 为国别虚拟变量，用来控制其他未包括的特定影响因素。

　　采用最小二乘法（OLS）法可能导致估计的有偏和不一致，因为没有考虑进出口和 IT 资本价格指数的内生性问题。先考虑式（9.1），某种正向冲击可能同时提高高低技能劳动的相对需求和进口，但降低了出口，从而影响了式（9.1）估计系数的准确性。另外，相对劳动的变动可能会反过来影响技能偏向性技术进步，即反向因果关系导致了 IT 资本价格指数的内生性。式（9.2）中劳动报酬为劳动就业乘以劳动工资，因此，基于同式（9.1）相同的原因，进出口同样会存在内生性问题。此外，如果不考虑消费融资，工资不平等上升会降低国内需求，进而降低进口，提高出口。中产阶层是发达国家消费的主要群体，劳动力市场极化会降低欧美国家的消费需求。金融危机以后，收入不平等通过提高英美国家的消费信贷来弥补需求不足，进而促进了进口，同时还促进了德国和日本等国的出口，最终引发了金融危机（拉詹，2010，中译本；菲图西和斯蒂格利茨（Fitoussi and Stiglitz, 2009）。因此，相对工资的变动也会反过来影响进出口。基于这三个变量的内生性问题，本章采用两阶段最小二乘法（2SLS）估计式（9.1）和式（9.2）。

9.2.2 南北贸易与劳动力市场极化

表9.1估计了式（9.1），上半部分（Panel A）为OLS估计结果，下半部分（Panel B）为2SLS估计结果。首先分析南北贸易对就业极化的影响。第（1）列显示，发达国家向发展中国家进口能够提高高技能劳动的相对就业（显著性为10%），但当增加了IT资本价格指数后，这种影响的显著性消失。根据第（3）列，发达国家向发展中国家进口能够显著提高低技能劳动的相对就业，增加IT资本价格指数后，系数值大幅下降。根据第（1）（2）列，发达国家向发展中国家出口对高技能劳动相对就业的影响较显著，但当考虑了IT资本价格指数的影响后，系数值降低了50%。根据第（3）（4）列，发达国家向发展中国家出口能够提高低技能劳动的相对需求，但在考虑了IT资本价格指数后，这种影响变得不显著。比较Panel B，考虑了内生性问题后，系数符号和显著性无实质性变化。IT资本价格指数对高低技能劳动的相对需求均显著为负，即技能偏向性技术进步促进了就业的极化。而南北贸易对就业极化的影响较技能偏向性技术进步的影响要弱得多。

表9.1　　　　　　　　　南北贸易与发达国家就业极化

项目	(1) 高/中	(2) 高/中	(3) 低/中	(4) 低/中	(5) 高/中	(6) 高/中	(7) 低/中	(8) 低/中
A. OLS 估计结果								
	南北贸易				中国－发达国家贸易			
进口	0.0873 * (0.0480)	−0.0396 (0.0246)	0.0886 *** (0.0213)	0.0271 ** (0.0124)	0.191 *** (0.0102)	0.0890 *** (0.0129)	0.0911 *** (0.00519)	0.0319 *** (0.00717)
出口	0.340 *** (0.0539)	0.159 *** (0.0259)	0.0745 *** (0.0239)	0.0112 (0.0131)	0.0649 *** (0.0117)	0.0425 *** (0.0119)	0.0120 ** (0.00599)	0.00550 (0.00657)
IT 资本价格指数		−0.190 *** (0.00498)		−0.0844 *** (0.00252)		−0.113 *** (0.00824)		−0.0621 *** (0.00457)
常数项	1.032 *** (0.147)	0.0762 (0.0760)	0.118 * (0.0651)	−0.261 *** (0.0384)	1.211 *** (0.0403)	0.458 *** (0.0631)	0.220 *** (0.0206)	−0.166 *** (0.0349)
固定效应	是	是	是	是	是	是	是	是
观测值	483	360	483	360	468	347	468	347
拟合度	0.171	0.845	0.134	0.803	0.820	0.880	0.751	0.817

续表

项目	(1) 高/中	(2) 高/中	(3) 低/中	(4) 低/中	(5) 高/中	(6) 高/中	(7) 低/中	(8) 低/中
				B. 2SLS 工具变量估计				
		南北贸易				中国－发达国家贸易		
进口	0.0479 (0.0593)	−0.0338 (0.0278)	0.0781 *** (0.0264)	0.0295 ** (0.0137)	0.178 *** (0.0151)	0.0859 *** (0.0194)	0.0948 *** (0.00774)	0.0323 *** (0.0106)
出口	0.461 *** (0.0691)	0.194 *** (0.0338)	0.113 *** (0.0308)	0.0118 (0.0166)	0.0815 *** (0.0189)	0.0659 *** (0.0212)	0.00956 (0.00972)	0.00826 (0.0116)
IT 资本价格 指数		−0.185 *** (0.00519)		−0.0861 *** (0.00255)		−0.0983 *** (0.00948)		−0.0616 *** (0.00518)
常数项	1.201 *** (0.204)	0.189 *** (0.105)	0.270 *** (0.0907)	−0.171 *** (0.0519)	1.076 *** (0.0427)	0.516 *** (0.0684)	0.236 *** (0.0219)	−0.0974 ** (0.0374)
固定效应	是	是	是	是	是	是	是	是
观测值	471	350	471	350	441	324	441	324
拟合度	0.533	0.926	0.426	0.873	0.911	0.944	0.854	0.881

注：括号内为标准差，* $p<0.1$，**$p<0.05$，***$p<0.01$。

第（2）列和（4）列控制了技能偏向性技术进步后，南北贸易的系数表示变小。因此，结合第6章和表9.1的上述估计结果可以大体判断，南北贸易影响就业极化主要通过促进技能偏向性技术进步这一间接途径。

按照上文的方法计算 Panel B 第（2）列和（4）列进出口和 IT 资本价格指数对就业极化的解释力。发达国家向发展中进口对低技能劳动相对就业的解释力为9%，技能偏向性技术进步对低技能劳动相对就业的解释力为102%。发达国家向发展中国家出口对高技能劳动相对就业的解释为15%，技能偏向性技术进步的解释力为80%。可见，相比南北贸易，技能偏向性技术进步是发达国家就业极化的主要因素。

9.2.3　中国—发达国家贸易与劳动力市场极化

再来看中国—发达国家贸易对就业极化的影响。根据第（5）和（6）列，发达国家向中国进口显著提高了高技能劳动的相对就业。在考虑了 IT 资本价格指数的影响后，进口系数值依然很显著，但系数值降低了50%多。根据第（7）列和（8）列，发达国家向中国进口同样显著提高了低技能劳动的相对就业。在考虑了 IT 资本价格指数的影响后，进口系数值减少了近2/3。

发达国家向中国出口显著提高了高技能劳动的相对就业，在考虑了 IT 资本价格指数的影响后，系数值有所降低。相应地，在考虑了 IT 资本价格指数后，发达国家向中国出口对低技能劳动相对就业的影响不显著。IT 资本价格指数对高低技能劳动的相对就业的影响较显著（1%），且边际效应较进出口大，这表明，技能偏向性技术进步对就业极化的影响较大。可见，发达国家向中国进口显著促进了就业市场极化，具体来说，进口每提高 1%，将提高高技能劳动相对就业 0.089%，提高低技能劳动相对就业 0.032%。向中国出口虽然没有促进就业极化，但提高了发达国家高技能劳动的就业比例。

借鉴上文邵敏和黄玖力（2010）的计算解释力的方法，我们计算 Panel B（6）（8）列中国进出口对发达国家就业极化的解释力。结果表明，发达国家向中国进口对高技能劳动相对就业的解释力为 30%，发达国家向中国出口对高技能劳动相对就业的解释力为 18%，技能偏向性技术进步对高技能劳动相对就业的解释力为 42%。对发达国家向中国进口低技能劳动相对就业的解释力为 32%，发达国家向中国出口对低技能劳动相对就业的解释力为 7%。技能偏向性技术进步对低技能劳动相对就业的解释力为 75%。可见，技能偏向性技术进步是欧美发达国家就业极化的主要影响因素，中国进出口是次要因素。不过，中国进出口虽是次要因素[①]，但其影响也是比较大的。如果考虑中国进出口对技能偏向性技术进步的影响，则中国进出口对就业极化的影响会更大。

9.2.4　发达国家间贸易与劳动力市场极化

表 9.2 估计了发达国家间贸易对发达国家就业极化的影响。估计方法为 2SLS，即考虑了内生性问题。OLS 估计结果同 2SLS 的估计结果类似，这里不再列出。

根据（1）列和（3）列，发达国家向发达国家进口能够显著促进高技能和低技能劳动的相对就业。发达国家向发达国家出口能够提高高技能劳动的相对就业，但对低技能劳动的就业影响不显著。当考虑了技能偏向性技术进步后［即（2）列和（4）列］，这种影响下降，尤其是出口对高技能劳动的

---

① 如上文所述，该次要因素是指中国进出口对就业极化的直接效应。

就业份额变得不显著，而对低技能劳动的相对就业变为负值。总体而言，发达国家向发达国家进口和技能偏向性技术进步促进了就业极化，而出口不会产生就业极化。

再来看劳动报酬份额的极化。（5）列和（7）列显示，进口和出口都显著地促进了高技能和低技能劳动的劳动报酬份额，当考虑了技能偏向性技术进步后，这种影响下降，尤其出口的系数下降较大。总体来看，出口和进口均促进了劳动报酬份额的极化，但进口的影响更大。技能偏向性技术进步也促进了劳动报酬份额的极化。稳健性检验部分将比较出口、进口和技能偏向性技术进步对劳动力市场极化的贡献。

表9.2　　　　　　　　　发达国家间贸易与发达国家就业极化

项目	(1) 高/中	(2) 高/中	(3) 低/中	(4) 低/中	(5) 高/中	(6) 高/中	(7) 低/中	(8) 低/中
2SLS 估计结果								
	就业				劳动报酬份额			
进口	0.344 ** (0.158)	0.235 *** (0.0640)	0.296 *** (0.0771)	0.251 *** (0.0315)	2.151 *** (0.833)	1.865 *** (0.436)	2.002 *** (0.736)	1.760 *** (0.394)
出口	0.548 *** (0.144)	0.0979 (0.0625)	0.0670 (0.0702)	−0.160 *** (0.0308)	3.017 *** (0.762)	0.960 ** (0.430)	2.660 *** (0.673)	0.930 ** (0.389)
IT 资本价格指数		−0.162 *** (0.00530)		−0.0831 *** (0.00261)		−0.688 *** (0.0360)		−0.579 *** (0.0326)
常数项	1.812 *** (0.114)	0.523 *** (0.0730)	0.524 *** (0.0556)	−0.102 *** (0.0360)	17.23 *** (0.599)	11.82 *** (0.501)	15.89 *** (0.529)	11.34 *** (0.453)
固定效应	是	是	是	是	是	是	是	是
观测值	471	350	471	350	469	348	469	348
拟合度	0.722	0.938	0.590	0.894	0.883	0.960	0.904	0.965

注：括号内为标准差，* $p<0.1$，**$p<0.05$，***$p<0.01$。

表9.2的估计结果显示，（1）（3）（5）（7）列进出口的估计系数要大于（2）（4）（6）（8）列进出口的估计系数的一倍以上。这就表明，南北贸易和中国－发达国家贸易主要通过技能偏向性技术进步影响劳动力市场极化。阿西莫格鲁（2002b）和伯斯坦和沃格尔（2012）研究认为，在考虑了国际贸易对技能偏向性技术进步的影响后，国际贸易对技能溢价的解释力大幅上升。表9.2显示，出口主要通过技能偏向性技术进步影响劳动力市场极化。

借鉴上文邵敏和黄玖力（2010）的方法，表9.3比较了发达国家间贸易与技能偏向性技术进步对劳动力市场极化的解释力。可以看出，技能偏向性技术进步对就业极化和劳动报酬份额极化的解释力最大，进口对就业极化和劳动报酬份额极化的解释力比出口大。

表9.3　　　　　　发达国家间贸易与技能偏向性技术进步解释力比较

项　　目	(1) 高/中	(2) 低/中	(3) 高/中	(4) 低/中
	就业		劳动报酬份额	
进口	0.20	0.62	0.30	0.32
出口	0.09	− 0.42	0.16	0.18
IT 资本价格指数	0.69	1.01	0.54	0.51

9.3　稳健性检验

9.3.1　南北贸易与劳动力市场极化

准确衡量技能偏向性技术进步较难，本节使用计算机人均拥有率作为技能偏向性技术进步的指标进行稳健性检验。此外，劳动报酬份额也经历了极化的现象：高、低技能劳动相对于中等技能劳动的报酬份额上升。表9.4中，（1）列、（2）列和（5）列、（6）列分别估计了南北贸易和中国—发达国家贸易对就业极化的影响。（3）列、（4）列和（7）列、（8）列分别估计了南北贸易和中国—发达国家贸易对劳动报酬份额极化的影响。根据（1）列、（2）列南北贸易的进出口均导致高、低技能劳动的相对就业上升，即南北贸易促进了就业极化。人均计算机拥有率也促进了劳动力市场的就业极化。需要注意的是，南北贸易对高技能劳动相对就业的边际影响要大于低技能劳动。这也符合本书的理论预期：高技能劳动—低技能劳动的互补性。

技能偏向性技术进步和南北贸易首先促进了高技能就业的上升，然后才带动了低技能就业的上升。进口对就业极化的边际效应较出口的边际效应大。进一步地，我们计算南北贸易和技能偏向性技术进步对就业极化的解释力。如表9.5所示，技能偏向性技术进步对就业极化的解释力远大于南北贸易，而进口的解释力又大于出口的解释力。这同表9.1中的结果类似。南北贸易对劳动报酬份额极化的影响同就业极化类似。技能偏向性技术进步的影响最大，其次为进口，然后是出口。

表9.4　　　　　　　　南北贸易与发达国家就业极化（稳健性检验）

项目	(1) 高/中	(2) 低/中	(3) 高/中	(4) 低/中	(5) 高/中	(6) 低/中	(7) 高/中	(8) 低/中
	OLS 估计结果							
	就业		劳动报酬份额		就业		劳动报酬份额	
	南北贸易				中国—发达国家贸易			
进口	0.0923*** (0.0324)	0.0669*** (0.0188)	0.368*** (0.0916)	0.330*** (0.0810)	0.0279** (0.0134)	0.0191** (0.00797)	0.168*** (0.0367)	0.162*** (0.0331)
出口	0.0551*** (0.0196)	0.0206* (0.0114)	0.173*** (0.0554)	0.151*** (0.0490)	0.0477*** (0.0119)	0.0216*** (0.00706)	0.156*** (0.0325)	0.110*** (0.0293)
人均计算机拥有率	0.122*** (0.00570)	0.0684*** (0.00330)	0.565*** (0.0161)	0.481*** (0.0142)	0.0936*** (0.0100)	0.0535*** (0.00595)	0.435*** (0.0274)	0.369*** (0.0247)
常数项	0.510*** (0.118)	0.0645 (0.0682)	9.659*** (0.332)	8.908*** (0.294)	0.398*** (0.0795)	−0.0249 (0.0472)	9.440*** (0.217)	8.620*** (0.196)
固定效应	是	是	是	是	是	是	是	是
观测值	218	218	218	218	205	205	205	205
拟合度	0.775	0.770	0.901	0.894	0.776	0.762	0.909	0.900
	2SLS 估计结果							
项目	就业		劳动报酬份额		就业		劳动报酬份额	
	南北贸易				中国－发达国家贸易			
进口	0.168*** (0.0532)	0.117*** (0.0308)	0.649*** (0.149)	0.609*** (0.131)	0.0695*** (0.0196)	0.0406*** (0.0117)	0.244*** (0.0535)	0.234*** (0.0472)
出口	0.0766*** (0.0273)	0.0259* (0.0158)	0.198*** (0.0765)	0.156** (0.0671)	0.0531** (0.0211)	0.0189* (0.0126)	0.217*** (0.0576)	0.157*** (0.0508)
人均计算机拥有率	0.118*** (0.00828)	0.0655*** (0.00480)	0.546*** (0.0232)	0.458*** (0.0203)	0.0566*** (0.0147)	0.0360*** (0.00876)	0.346*** (0.0402)	0.286*** (0.0354)
常数项	0.832*** (0.190)	0.286** (0.110)	9.420*** (0.533)	8.686*** (0.468)	0.556*** (0.0987)	0.0628 (0.0588)	8.219*** (0.269)	7.429*** (0.238)
固定效应	是	是	是	是	是	是	是	是
观测值	205	205	205	205	179	179	179	179
拟合度	0.956	0.917	0.997	0.997	0.966	0.931	0.998	0.998

注：括号内为标准差，* p<0.1，**p<0.05，***p<0.01。

表 9.5　　　　　　南北贸易与技能偏向性技术进步解释力比较

项目	(1) 高/中	(2) 低/中	(3) 高/中	(4) 低/中	(5) 高/中	(6) 低/中	(7) 高/中	(8) 低中
	就业		劳动报酬份额		就业		劳动报酬份额	
	南北贸易				中国—发达国家贸易			
进口	0.138	0.209	0.114	0.124	0.187	0.237	0.140	0.155
出口	0.065	0.047	0.036	0.032	0.103	0.079	0.090	0.075
人均计算机 拥有率	0.914	1.098	0.903	0.874	0.439	0.604	0.572	0.546

注：括号内为标准差，* $p < 0.1$，**$p < 0.05$，***$p < 0.01$。

9.3.2　中国—发达国家贸易与劳动力市场极化

再来看中国—发达国家间贸易对劳动力市场极化的影响。根据（5）列 ~（8）列，同南北贸易类似，考虑了内生性问题后，发达国家向中国进出口对就业极化和劳动报酬份额极化的边际影响总体上升了，而技能偏向性技术进步的边际影响稍有下降。不过，技能偏向性技术进步对劳动力市场极化的解释力依然是最大的，进口的解释力次之，出口的解释力最小。这说明中国向发达国家出口确实促进了发达国家高低技能劳动的相对就业，将低了中等技能劳动的相对就业。如果考虑中国进出口对技能偏向性技术的促进作用，其对劳动力市场极化的影响会更大。这同布鲁姆、德拉卡和范瑞尼（2011）以及奥特尔、多恩和汉森（2012）的研究结论是相辅相成的。比较表 9.1 和表 9.4，两者的估计结果较为一致。这表明我们得到的经验结果是稳健的。

9.3.3　发达国家间贸易与劳动力市场极化

表 9.6 对发达国家间贸易对劳动力市场极化的影响进行稳健性检验，即将 IT 资本价格指数替换为人均计算机拥有率。（1）列和（3）列显示，考虑了技能偏向性技术进步后，发达国家向发达国家进口降低了高技能劳动的相对就业和劳动报酬份额。（1）列和（3）列显示，考虑了技能偏向性技术进步后，进口对高技能劳动的相对就业和劳动报酬份额显著影响。也就是说，进口主要是通过促进技能偏向性技术进步影响劳动力市场极化。

出口对高技能劳动的相对就业无显著影响，但提高了高技能劳动的劳动报酬份额。出口显著降低了低技能劳动的相对就业，但提高了低技能劳动的劳动报酬份额。总体而言，出口主要通过技能偏向性技术进步影响就业极化。另外人均计算机拥有率显著提高了劳动力市场极化。

表9.6　　　　　　　发达国家间贸易与劳动力市场极化（稳健性经验）

项　目	(1) 高/中	(2) 低/中	(3) 高/中	(4) 低/中
估计方法	2SLS			
	就业		劳动报酬份额	
进口	− 0.179 ** (0.0753)	0.0588 (0.0458)	− 0.531 ** (0.219)	− 0.205 (0.197)
出口	0.00999 (0.0713)	− 0.122 *** (0.0434)	0.634 *** (0.207)	0.552 *** (0.187)
人均计算机拥有率	0.139 *** (0.00564)	0.0820 *** (0.00343)	0.603 *** (0.0164)	0.508 *** (0.0148)
常数项	− 0.314 *** (0.133)	− 0.327 *** (0.0810)	7.084 *** (0.387)	7.154 *** (0.348)
固定效应	是	是	是	是
观测值	205	205	205	205
拟合度	0.964	0.925	0.997	0.998

注：括号内为标准差，* $p < 0.1$，**$p < 0.05$，***$p < 0.01$。

根据邵敏和黄玖力（2010）的方法，表9.7用人均计算拥有率替代IT资本价格指数计算了发达国家间贸易与技能偏向性技术进步解释力。计算结果同表9.3类似，技能偏向性技术进步是拉动力市场极化的主要影响因素。

表9.7　发达国家间贸易与技能偏向性技术进步解释力比较（稳健性检验）

项　目	(1) 高/中	(2) 低/中	(3) 高/中	(4) 低/中
	就业		劳动报酬份额	
进口	0.03	0.02	0.02	0.01
出口	0.00	0.01	− 0.01	− 0.01
人均计算机拥有率	1.08	1.37	1.00	0.97

9.3.4　中美贸易与美国工资极化实证分析

鉴于中美贸易的重要性以及中美贸易摩擦频发，本节单独分析中美贸易对美国劳动力市场极化的影响。本节美国制造业劳动就业和工资数据来源于 EU KLEMS 数据库（2008），该数据库包含了高技能劳动、中等技能劳动和低技能劳动的就业和工资。贸易数据来源于斯科特（Schott，2010）。由于贸易数据只包含了商品贸易数据，因此本节只分析中美贸易对美国制造业就业和工资的影响。如果中美贸易对就业和工资存在负向的影响，则我们可以间接地认为中美贸易促进了劳动力市场极化。估计结果表明，OLS 估计和 2SLS 估计无实质性差异，限于空间，我们只列出了 2SLS 方法的估计结果。

9.3.4.1　进出口与绝对工资水平

表9.8 估计了美国向中国进出口对美国制造业高、中等和低技能工资的影响。其中，（1）列～（6）列的被解释变量为绝对工资水平，（7）列～（10）的被解释变量为相对工资水平。（1）列的估计结果显示，美国向中国进口显著提高了高技能劳动的工资水平，但当考虑了 IT 资本价格指数的影响后，这种影响变得不显著且为负。这表明，进口对高技能劳动工资的正向影响主要通过促进技能偏向性技术进步来实现①。进口对中等技能和低技能劳动的工资存在显著的负向影响，当考虑了 IT 资本价格指数的影响后，这种效应变小。本章的理论模型部分研究表明，高技能劳动工资上升提高了对低技能服务业的需求，进而提高了低技能行业劳动的工资。而本书中的低技能劳动为制造业的工人，其工资水平主要受制造业活动的影响，因此技能偏向性技术进步对制造业的低技能工人产生了负向影响。

美国向中国出口显著降低了高技能劳动的工资，当考虑了 IT 资本价格指数后，出口对高技能劳动工资的负向影响扩大了，但是出口也同时促进了技能偏向性技术进步，进而提高了高技能劳动的工资。所以，出口对高技能劳动工资的影响存在正负两方面的影响，但负向影响大于正向影响。出口对中低技能劳动的工资影响不显著。IT 资本价格指数对高技能劳动存在负向影响，

---

① 上文的研究表明，美国向中国进出口促进了美国的技能偏向性技术进步。

表9.8 中美贸易与美国劳动力市场极化（工具变量）

项目	(1)高技能	(2)高技能	(3)中技能	(4)中技能	(5)低技能	(6)低技能	(7)高/中	(8)高/中	(9)低/中	(10)低/中
进口	0.0120*** (0.00321)	-0.00446 (0.00333)	-0.0121*** (0.00142)	-0.00516*** (0.00145)	-0.0397*** (0.00343)	-0.0145*** (0.00306)	0.0241*** (0.00400)	0.000697 (0.00398)	-0.0276*** (0.00292)	-0.00930*** (0.00285)
出口	-0.0152** (0.00635)	-0.0210*** (0.00601)	-0.00363 (0.00280)	-0.00120 (0.00261)	-0.00578 (0.00679)	0.00309 (0.00553)	-0.0116 (0.00791)	-0.0198*** (0.00719)	-0.00215 (0.00579)	0.00429 (0.00514)
IT资本价格指数		-0.0345*** (0.00456)		0.0145*** (0.00198)		0.0528*** (0.00420)		-0.0490*** (0.00545)		0.0383*** (0.00390)
常数项	0.392*** (0.0320)	0.268*** (0.0361)	-0.116*** (0.0141)	-0.0644*** (0.0157)	-0.525*** (0.0343)	-0.336*** (0.0332)	0.508*** (0.0399)	0.332*** (0.0431)	-0.409*** (0.0292)	-0.272*** (0.0308)
观测值	332	332	332	332	332	332	332	332	332	332
拟合度	0.779	0.814	0.832	0.864	0.804	0.878	0.656	0.734	0.686	0.769

注：括号内为标准差，* p<0.1，** p<0.05，*** p<0.01。

139

对中低技能劳动工资存在负向影响，即技能偏向性技术进步促进了高技能劳动的工资，降低了中低技能劳动的工资。

9.3.4.2 进出口与相对工资

表9.8中（7）列表明进口提高了高技能劳动相对于中等技能劳动的工资。当考虑了IT资本价格指数的影响后，这种影响变得不显著，但技能偏向性技术进步对高技能劳动的相对工资存在显著的正向影响。这说明，进口对高技能劳动相对工资的影响主要通过技能偏向性技术进步产生影响。（9）列显示进口显著地降低了低技能劳动相对于中等技能劳动的工资。当考虑了IT资本价格指数的影响后，这种影响不显著。但技能偏向性技术进步对低技能劳动的相对工资存在显著的负向影响。进口主要通过技能偏向性技术进步影响低技能劳动相对中等技能劳动的工资。所以通过（7）列～（10）列表明进口虽然降低了中低技能劳动的工资水平，但低技能劳动的工资下降的更多。

出口对高技能劳动相对于中等技能劳动的工资不存在显著影响，但当考虑到IT资本价格指数的影响后，出口显著降低了高技能劳动的工资。根据新古典贸易理论，制造业作为中等技能密集型产业，出口对制造业中的中等技能劳动更加有力。因此，出口提高了中等技能劳动的相对工资。然而，出口还通过促进技能偏向性技术进步提高高技能劳动的相对工资。所以出口对高技能劳动的相对工资存在正向和反向的影响。本节的实证结果表明，正反两方面的影响是相当的。从表9.8中的估计结果看，技能偏向性技术进步显著地促进了美国制造业的工资极化。

9.4 小结

本章研究了南北贸易和中国进出口对欧美国家劳动力市场极化的影响。结果表明，南北贸易和中国进出口显著地促进了欧美国家的劳动力市场极化，但南北贸易的边际效应小于中国对发达国家劳动力市场极化的边际影响。不过，根据本章的研究，劳动力市场极化的主要影响因素是技能偏向性技术进步，国际贸易对劳动力市场极化的影响较小。由于美国经历了工资的极化，本章还特别研究了中国对美进出口对美国制造业工资的影响。结果表明，中国进出口对美国工资极化存在显著的影响。当然，这并不表明南北贸易只对欧美国家产生了负面影响，例如，本章引言部分的文献表明，南北贸易促进了发达国家的技能偏向性技术进步，而且布鲁姆、德拉卡和范瑞尼（2011）研究表明，中国对欧盟国家的出口提升了欧盟企业的技术水平和生产率。

第 10 章

结论及政策启示

10.1 本书主要结论

本书研究了发达国家劳动力市场极化背景下，劳动禀赋结构、国际贸易和制度质量对技能偏向性技术进步的影响机制及其对劳动力市场极化的影响。根据本书的理论模型和实证研究表明，如果高技能劳动和中等技能劳动、低技能劳动替代，高技能劳动相对供给上升将促进高技能偏向性技术进步；如果高技能劳动和中等技能劳动替代、同低技能劳动互补，高技能劳动相对供给上升将促进高技能偏向性技术进步。当高技能劳动相对供给上升到一定比例，由于高技能劳动收入上升提高低技能劳动需求，将促进低技能偏向性技术进步，从而产生劳动力市场极化。利用 1970~2007 年欧美国际数据研究表明，1970~1990 年间高技能劳动与中、低技能劳动替代，所以高技能劳动相对供给上升促进了高技能偏向性技术进步；1990~2007 年高技能劳动和低技能劳动变为互补关系，高技能劳动相对供给上升将同时促进高、低技能偏向性技术进步。

由于发展中国家缺乏产权保护，发达国家产权保护完善，南北贸易使高技能劳动的价格效应和竞争效应占优势，因而促进了高技能偏向性技术进步，发达国家间贸易使高技能劳动的市场规模效应占优势，因此，贸易开放也促进了发达国家的高技能偏向性技术进步。实证研究表明，南北贸易和发达国家间贸易显著促进了高技能偏向性技术进步，但其影响小于劳动禀赋结构对高技能偏向性技术进步的影响。

高技能产业技术创新对制度质量的要求较高，因此，制度质量上升对高技能偏向性技术进步的影响更大。本书采用发达国家、俄罗斯和中国等代表性国家的数据实证研究表明，制度质量上升能够显著地促进高技能偏向性技术进步。

最后研究了技能偏向性技术进步和国际贸易（包括中国对发达国家贸易）对劳动力市场极化的影响。实证研究表明，技能偏向性技术进步和国际贸易对劳动力市场极化存在显著的影响。但是，技能偏向性技术进步是劳动力市场极化的主要影响，国际贸易（包括中国对发达国家贸易）是次要因素。

10.2　政策启示

劳动力市场极化将导致中等收入阶层收入状况的恶化，而中等收入阶层是拉动消费、维持经济增长和社会稳定的重要力量。因此，解决劳动力市场极化，提高中等收入阶层就业和收入状况至关重要。随着信息技术等前沿技术在发展中国家的大范围应用，发展中国家也可能在将来经历劳动力市场的极化。例如，中国近年来制造业的就业份额已经开始下降（葛和杨，2012）。

但是，发达国家乃至发展中国家高技能劳动比例的上升、国际贸易、制度质量提升以及前沿技术的发展是不可逆转的，所以我们不可能通过抑制这些因素来解决劳动力市场极化。为此，本书认为提高高技能劳动的比例、提升制造业的信息化和数字化水平以及合适的政府政策是解决劳动力市场极化的有效办法。

10.2.1　增加教育和技能培训投入，提高劳动者的教育和技能水平

增加教育和技能培训投入，提高高技能劳动占总劳动的比例。一方面可以增加高技能劳动的供给，满足高技能产业对高技能劳动的需求；另一方面通过对中等技能劳动的教育和再培训，使其成为高技能劳动，减少中等技能劳动的供给和失业。目前发达国家的教育质量和教育投入占 GDP 的比重都比较高，而且技能培训体系完善，但为了解决劳动力市场极化，仍需加大对教

育和技能培训的投入，扩大高技能劳动的供给。

而中国等发展中国家不论在教育质量、教育投入还是技能培训体系方面，与发达国家都存在不少差距。在教育技能培训质量较低和前沿技术的夹击下，发展中国家面临不少挑战。所以发展中国家可以向发达国家借鉴教育和技能培训体系建设方面的经验。[①]

10.2.2　促进制造业升级，提高制造业信息化和数字化水平

提高制造业的信息化和数字化水平，可以进一步扩大制造业的规模和技术水平，结合技能培训可以有效解决中等技能劳动的就业，也是提高中等技能劳动技能水平，使其成为高技能劳动的有效途径。例如，近年来逐渐发展起来的物联网，即是制造业和通信数字技术结合的范例，随着物联网市场规模的扩大，对高技能劳动的需求和制造业的带动将进一步扩大。

10.2.3　通过政府政策支持中等收入阶层

本书的研究表明，技能偏向性技术进步促进了发达国家的劳动力市场极化，进而导致中等收入阶层收入水平下降。不过，贝姆（Boehm，2013）利用美国1979～1997年的数据研究表明，劳动力市场极化虽然是由市场行为导致的，但是劳动力市场极化只能解释部分中等收入阶层就业和工资的下降，这就表明，通过政策措施可以抵消劳动力市场极化对中等收入阶层的负面影响。政府可以通过技能培训，鼓励中等技能人才创业，对制造业招工进行适当补贴的方式扶持中等收入阶层。

10.3　对中国的启示

本书对发达国家技能偏向性技术进步与劳动力市场的研究，可以为中国的经济发展提高以下三方面的借鉴或启示。

---

① 西伦（2010，中译本）分析了德国、英国、美国和日本等发达国家技能培训体系的形成过程及其对这些国家经济发展的重要性，还特别分析了技能培训体系对德国制造业竞争力的重要作用。

10.3.1 关注前沿技术进步对劳动力市场变化的影响

近年来，中国以信息技术为代表的前沿技术得到较广泛的应用。由于信息技术与高技能劳动的互补性，以及高技能劳动收入上升对低技能服务需求的增加，信息技术的广泛应用也可能导致中国的劳动力市场极化，降低对制造业等中等技能行业对劳动力的需求。[1] 特别是近年来房地产价格上升对生活在城市的中等收入阶层带来不小的压力。所以我们应特别关注信息技术等前沿技术对劳动力市场的影响。制定相应的对策措施，如增加对制造业工人的技能培训投入，完善职业教育培训体系，为制造业下岗工人创业和再就业提供便利等。

10.3.2 加强对国际贸易政策的研究，积极参与国际贸易争端

近年来，中国频繁面临国外的反倾销反补贴调查。针对中国的反倾销反补贴调查也得到一些国外工会的支持，这些工会认为来自中国的进口削弱了本土企业的竞争力，促使很多工人失去工作。本书的研究表明，发达国家劳动力市场极化（或制造业就业比重下降）的主要原因是技能偏向性技术进步，即发达国家信息技术的进步降低了对制造业工人的需求，国际贸易只是次要因素。因此，将制造业机会的丢失归咎于中国进口竞争显然是没有找到问题的主因。再加上中国企业大范围参与国际经济不到 20 年的历史，对一些国际贸易规则不熟悉，造成外国企业和机构对中国参与国际贸易行为的误解。由于这些主客观原因造成中国面临许多不必要的贸易争端，为此，我们要加强对国际贸易规则和政策的研究，在面临国际贸易争端时能够熟练运用规则，并拿出有说服力的证据。

10.3.3 加强产权保护，提升制度质量

根据本书的研究结论，加强产权保护，提升制度质量有两方面的作用。首先，对于中国而言，虽然前沿技术有可能导致劳动力市场极化，但前沿技术是经济持续增长的决定性因素，加强产权保护有利于促进中国的前沿技术

---

[1] 见上文对葛和杨（2012）关于中国高技能服务业、制造业和低技能服务业就业的介绍。

进步，即本书所指的高技能偏向性技术进步。其次，中国作为发展中国家在同发达国家进行国际贸易时，加强产权保护有利促进发达国家中等技能偏向性技术进步，缓解发达国家的劳动力市场极化。同时，由于发展中国家的中等技能劳动供给丰富，国际贸易促进发达国家的中等技能偏向性技术进步有利于向发展中国家扩散。所以包括中国在内的发展中国家加强产权保护对南北双方都有利。

附录

附录1 经济增长率的推导

根据 $\lambda^\varepsilon p_I^{1-\varepsilon} + (1-\lambda)^\varepsilon p_M^{1-\varepsilon} = 1$，得：

$$p_I^{1-\varepsilon} = \frac{1}{\lambda^\varepsilon} - \frac{(1-\lambda)^\varepsilon}{\lambda^\varepsilon} p_M^{1-\varepsilon} \tag{F1.1}$$

再根据 $p_I = [\gamma^\beta p_R^{1-\beta} + (1-\gamma)^\beta p_H^{1-\beta}]^{\frac{1}{1-\beta}}$，得到价格：

$$p_R^{\varepsilon-1} = \lambda^\varepsilon \left[\gamma^\beta + (1-\gamma)^\beta \left(\frac{L_H}{L_R}\right)^{-\sigma(1-\beta)}\right]^{\frac{1-\varepsilon}{1-\beta}} + (1-\lambda)^\varepsilon \left(\frac{L_M}{L_R}\right)^{-\sigma(1-\varepsilon)} \tag{F1.2}$$

将式（2.8）代入式（2.9），并根据研发市场出清条件式（2.10），我们可以得到

$$\sigma p_R^{\frac{1}{\sigma}} L_R = \frac{r + \xi(\Re_R(j))}{\xi(R_R(j))} \tag{F1.3}$$

将式（F1.3）进行变换，可得：

$$p_R^{\varepsilon-1} = \sigma^{\sigma(1-\varepsilon)} \left(\frac{r + \xi(\Re_R(j))}{\xi(R_R(j))}\right)^{\sigma(\varepsilon-1)} L_R^{\sigma(1-\varepsilon)} \tag{F1.4}$$

将式（F1.2）代入式（F1.4），可以得到：

$$\lambda^\varepsilon \left[\gamma^\beta + (1-\gamma)^\beta \left(\frac{L_H}{L_R}\right)^{-\sigma(1-\beta)}\right]^{\frac{1-\varepsilon}{1-\beta}} + (1-\lambda)^\varepsilon \left(\frac{L_M}{L_R}\right)^{-\sigma(1-\varepsilon)}$$

$$= \sigma^{\sigma(1-\varepsilon)} \left(\frac{r + \xi_R(\Re_R(j))}{\xi(R_R(j))}\right)^{\sigma(\varepsilon-1)} L_R^{\sigma(1-\varepsilon)} \tag{F1.5}$$

对（F1.5）式进行变换，可得：

$$\lambda^{\varepsilon} L_R{}^{\sigma(1-\varepsilon)} \left[L_R{}^{-\sigma(1-\beta)} \gamma^{\beta} + (1-\gamma)^{\beta} L_H{}^{-\sigma(1-\beta)} \right]^{\frac{1-\varepsilon}{1-\beta}} + (1-\lambda)^{\varepsilon} L_R{}^{\sigma(1-\varepsilon)} (L_M)^{-\sigma(1-\varepsilon)}$$

$$= \sigma^{\sigma(1-\varepsilon)} \left(\frac{r + \xi_R(R_R(j))}{\xi(R_R(j))} \right)^{\sigma(\varepsilon-1)} L_R{}^{\sigma(1-\varepsilon)} \qquad (F1.6)$$

两边的 $L_R{}^{\sigma(1-\varepsilon)}$ 项可消去。将欧拉方程 $g = \dfrac{\dot{C}}{C} = \dfrac{1}{\theta}(r-\rho)$ 代入（F1.6）式，可得：

$$\left(\lambda^{\varepsilon} \left[L_R{}^{-\sigma(1-\beta)} \gamma^{\beta} + (1-\gamma)^{\beta} L_H{}^{-\sigma(1-\beta)} \right]^{\frac{1-\varepsilon}{1-\beta}} + (1-\lambda)^{\varepsilon} (L_M)^{-\sigma(1-\varepsilon)} \right)^{\frac{1}{\sigma(\varepsilon-1)}}$$

$$= \frac{\theta g + \rho + \xi_i(R_R(j))}{\sigma \xi(R_R(j))}$$

对该式进行变换，即可得到经济增长率：

$$g = \frac{\xi(R^*)}{\theta} \left(\sigma \left(\lambda^{\varepsilon} \left[L_R{}^{\sigma(\beta-1)} \gamma^{\beta} + (1-\gamma)^{\beta} L_H{}^{\sigma(\beta-1)} \right]^{\frac{\varepsilon-1}{\beta-1}} \right. \right.$$

$$\left. \left. + (1-\lambda)^{\varepsilon} (L_M)^{\sigma(\varepsilon-1)} \right)^{\frac{1}{\sigma(\varepsilon-1)}} - 1 \right) - \frac{\rho}{\theta}$$

R^* 为稳态时，平衡增长路径下的研发投入为常数。

附录2　国民收入的推导

借鉴阿吉翁和霍伊特（2009）的分析，国民收入等于总工资和利润的总和，而总工资又等于高技能劳动的工资总和＋中等技能劳动的工资总和＋低技能劳动的工资总和，即 $w_H L_H + w_R L_R + w_M L_M$。根据式（2.5）和式（2.6），并且根据推导（F1.2）相同的原理，我们可以推导出高技能产品和中等技能产品的价格 p_H，p_R。因此，可以得到工资的表达式：

$$w_H = \left(\lambda^\varepsilon \left[\gamma^\beta + (1-\gamma)^\beta \left(\frac{L_H}{L_R} \right)^{-\sigma(1-\beta)} \right]^{\frac{1-\varepsilon}{1-\beta}} + (1-\lambda)^\varepsilon \left(\frac{L_M}{L_R} \right)^{-\sigma(1-\varepsilon)} \right)^{\frac{1}{\sigma(\varepsilon-1)}} \frac{L_R}{L_H} A_H$$

$$\text{(F2.1)}$$

$$w_R = \left(\lambda^\varepsilon \left[\gamma^\beta + (1-\gamma)^\beta \left(\frac{L_H}{L_R} \right)^{-\sigma(1-\beta)} \right]^{\frac{1-\varepsilon}{1-\beta}} + (1-\lambda)^\varepsilon \left(\frac{L_M}{L_R} \right)^{-\sigma(1-\varepsilon)} \right)^{\frac{1}{\sigma(\varepsilon-1)}} A_R$$

$$\text{(F2.2)}$$

$$w_M = \left(\lambda^\varepsilon \left[\gamma^\beta + (1-\gamma)^\beta \left(\frac{L_H}{L_R} \right)^{-\sigma(1-\beta)} \right]^{\frac{1-\varepsilon}{1-\beta}} + (1-\lambda)^\varepsilon \left(\frac{L_M}{L_R} \right)^{-\sigma(1-\varepsilon)} \right)^{\frac{1}{\sigma(\varepsilon-1)}} \frac{L_R}{L_M} A_M$$

$$\text{(F2.3)}$$

根据上述三式可以得到总工资 W：

$$\begin{aligned}
W &= w_H L_H + w_R L_R + w_M L_M \\
&= \frac{\sigma}{1-\sigma} \left(\lambda^\varepsilon \left[\gamma^\beta + (1-\gamma)^\beta \left(\frac{L_H}{L_R} \right)^{-\sigma(1-\beta)} \right]^{\frac{1-\varepsilon}{1-\beta}} \right. \\
&\quad \left. + (1-\lambda)^\varepsilon \left(\frac{L_M}{L_R} \right)^{-\sigma(1-\varepsilon)} \right)^{\frac{1}{\sigma(\varepsilon-1)}} L_R (A_H + A_R + A_M)
\end{aligned} \quad \text{(F2.4)}$$

总利润为高、中、低技能部门的总利润 Π：

$$\Pi = \sum_i \pi_i = \sum_i \int_0^1 \sigma p_i^{\frac{1}{\sigma}} A_i(j) L_i = \sum_i \sigma p_i^{\frac{1}{\sigma}} A_i L_i \qquad \text{(F2.5)}$$

（F2.5）式进一步推导，可得总利润为 Π：

$$\sigma * \left(\lambda^{\varepsilon} \left[\gamma^{\beta} + (1-\gamma)^{\beta} \left(\frac{L_H}{L_R} \right)^{-\sigma(1-\beta)} \right]^{\frac{1-\varepsilon}{1-\beta}} + (1-\lambda)^{\varepsilon} \left(\frac{L_M}{L_R} \right)^{-\sigma(1-\varepsilon)} \right)^{\frac{1}{\sigma(\varepsilon-1)}}$$

$$L_R (A_H + A_R + A_M) \tag{F2.6}$$

将总工资和总利润相加, 可得国民收入式 (2.17):

$$N = \left(\frac{\sigma}{1-\sigma} + \sigma \right) \left(\lambda^{\varepsilon} \left[\gamma^{\beta} L_R^{\sigma(\beta-1)} + (1-\gamma)^{\beta} L_R^{\sigma(\beta-1)} \right]^{\frac{\varepsilon-1}{\beta-1}} \right.$$

$$\left. + (1-\lambda)^{\varepsilon} L_M^{\sigma(\varepsilon-1)} \right)^{\frac{1}{\sigma(\varepsilon-1)}} (A_H + A_R + A_M)$$

将总利润式 (F2.6) 与总工资式 (F2.4) 相除, 可得:

$$\frac{\Pi}{W} = 1 - \sigma$$

该表达式为平衡增长路径下, 国民收入中总工资与总利润的分配比例。这表明, 平衡增长路径下, 劳动和企业家的分配比例是稳定的, 即满足 "卡尔多特征事实"。

附录3　国际贸易与技能偏向性技术进步的推导

当发展中国家存在产权保护时，中间品垄断厂商面临发达国家和发展中国家中间品市场的需求，如果不存在产权保护，中间品垄断厂商的收益只有发达国家的中间品市场（阿西莫格鲁，2003）。假设发展中国家的劳动供给为 L_i^*，产品厂商对发展中国家中间产品需求为：

$$x_i^*(j) = \left(\frac{p_i}{\chi_i(j)}\right)^{\frac{1}{\sigma}} \varpi A_i(j) L_i^*, \quad i = H,R,M \qquad (F3.1)$$

那么，存在产权保护的情况下，中间产品垄断厂商中间产品的销售数量为发达国家和发展中国家中间品需求的总和：

$$X(j) = (L_i + \varpi L_i^*)\left(\frac{p_i}{\chi_i(j)}\right)^{\frac{1}{\sigma}} A_i(j) \qquad (F3.2)$$

因此，有中间产品垄断厂商的利润为：

$$\pi_i(j) = \sigma p_i^{\frac{1}{\sigma}} A_i(j)\left(L_i + \varpi^{\frac{1}{\sigma}} L_i^*\right) \qquad (F3.3)$$

根据本书第2章相同的推导原理，可以得到高技能密集型部门、中等技能密集型部门和低技能密集型部门中间品的市场价值。然后有平衡路径下的相对价值：

$$\frac{V_H}{V_R} = \frac{L_H + \varpi L_H^*}{L_R + \varpi L_R^*}\left(\frac{p_H}{p_R}\right)^{\frac{1}{\sigma}} = 1, \quad \frac{V_H}{V_M} = \frac{L_H + \varpi L_H^*}{L_M + \varpi L_M^*}\left(\frac{p_H}{p_M}\right)^{\frac{1}{\sigma}} = 1 \qquad (F3.4)$$

因为假设发达国家和发展中国家有相同的生产函数，所以我们可以得到全球产量：

$$Y_i + Y_i^* = \frac{1}{1-\sigma} p_i^{\frac{1-\sigma}{\sigma}}(L_i + \varpi L_i^*)\int_0^1 (A_i(j))dj, \quad i = M,R,H \qquad (F3.5)$$

根据与第2章相同的推导原理，我们可以得到相对价格：

$$\frac{p_H}{p_R} = \left(\frac{1-\gamma}{\gamma}\right)^{\frac{\sigma\beta}{\eta}}\left(\frac{L_H + \varpi L_H^*}{L_R + \varpi L_R^*}\right)^{-\frac{\sigma}{\eta}}\left(\frac{A_H}{A_R}\right)^{-\frac{\sigma}{\eta}} \qquad (F3.6)$$

$$\frac{p_H}{p_M} = \left(\frac{\lambda(1-\gamma)}{1-\lambda}\right)^{\frac{\varepsilon\sigma}{\varepsilon\sigma+1-\sigma}} \left(\frac{L_H + \varpi L_H^*}{L_M + \varpi L_M^*}\right)^{-\frac{\sigma}{\varepsilon\sigma+1-\sigma}} \left(\frac{A_H}{A_M}\right)^{-\frac{\sigma}{\varepsilon\sigma+1-\sigma}}$$

$$\times \left[\gamma\left(\frac{1-\gamma}{\gamma}\right)^{\frac{\eta-\beta}{\eta}} \left(\frac{L_H + \varpi L_H^*}{L_R + \sigma L_R^*}\right)^{\frac{1-\eta}{\eta}} \left(\frac{A_H}{A_R}\right)^{\frac{1-\beta}{\eta}} + (1-\gamma)\right]^{\frac{(\varepsilon-\beta)\sigma}{(\beta-1)(\varepsilon\sigma+1-\sigma)}}$$

$$(F3.7)$$

将式（F3.6）和式（F3.7）代入式（F3.4），即可得相对技术水平式（3.3）。将式（F3.2）、式（F3.4）和式（3.3）代入式（3.6），即可得到存在产权保护情况下发达国家的相对工资式（3.4）。

如果发展中国家不存在产权保护，那么中间品垄断厂商面临的中间品市场需求依然为式（2.5）：

$$x_i(j) = \left(\frac{p_i}{\chi_i(j)}\right)^{\frac{1}{\sigma}} A_i(j)L_i, \quad i = H, R, M$$

但是，由于国家贸易的存在，中间品的相对价格已经变为式（F3.6）。所以，将式（2.5）代入式（F3.6），即可得到无产权保护情况下的相对技术水平式（3.10）。

附录4 式（3.4）中不等式的推导

在第3章式（3.4）中，有不等式：

$$\left(\frac{L_H + \varpi L_H^*}{L_R + \varpi L_R^*} \bigg/ \frac{L_H}{L_R} \right)^{\eta - 1 - \sigma} < 1 \qquad (F4.1)$$

根据第2章的介绍，$\eta = \sigma\beta - \sigma + 1 > 1$ 为高技能劳动和中等技能劳动的替代弹性，$\beta > 1$ 为高技能产品和中等技能产品的替代弹性，$\sigma \in (0, 1)$ 为要素产出弹性。那么（F3.1）中 $\eta - 1 - \sigma = \sigma(\beta - 2)$。如果高技能产品和低技能产品的替代弹性 β 大于2，即 $\eta = 3 - \sigma$，而且发展中国家中等技能劳动的相对供给比发达国家高，那么（F3.1）成立。比较（3.3）和（3.4），当 $\eta \in (2, 3 - \sigma)$ 时，高技能劳动相对供给上升将促进高技能增强型技术进步，但不会促进技能溢价上升。当 $\eta > 3 - \sigma$ 时，技能溢价将上升。根据杜费和帕友（2000），弥亚和帕友（2003）的研究，经济发展程度越高，要素替代弹性越高，这就表明，高技能偏向性技术进步的出现会超前于技能溢价上升。现实经济和本书文献综述部分也表明，电力在19世纪中期已经出现，但20世纪初，这种技术才表现出高技能偏向性；信息技术在20世纪70年代已经大范围应用，技能溢价的上升在20世纪80年代才出现。

再来看式（3.4）的另一个不等式：

$$\left(\frac{L_H + \varpi L_H^*}{L_M + \varpi L_M^*} \bigg/ \frac{L_H^*}{L_M^*} \right)^{\sigma(\varepsilon - 2)} > 1 \qquad (F4.2)$$

由于高技能产品和低技能产品互补，即 $\varepsilon < 1$，所以有 $\sigma(\varepsilon - 2) < 1$。因为发展中国家低技能劳动的相对供给高于发达国家，所以式（F4.2）成立。发展中国家相对工资表达式中的不等式证明原理同式（F4.1）和式（F4.2）相似。

附录 5　外生的技能偏向性技术进步与劳动力市场极化

　　本书为了分析劳动力市场极化背景下劳动禀赋结构对高、中、低技能偏向性技术进步的影响，借鉴阿西莫格鲁（1998，2002）、阿西莫格鲁和奥特尔（2010）和奥特尔和多恩（2012）建立了劳动力市场极化模型。我们假设经济中有三个部门：低技能产品部门 Y_R、中等技能产品 Y_R 和高技能产品生产 Y_H，这三个部门分别由三种要素来生产：低技能劳动（或称手工劳动 L_M，manual labor）、中等技能劳动（或称规范化劳动 L_R，routine labor）和高技能劳动（或称抽象劳动 L_H，abstract labor）。

　　根据假设，总产品和各部门的生产函数采用如下设定形式：

$$Y = \left[\lambda Y_I^{\frac{\varepsilon-1}{\varepsilon}} + (1-\lambda) Y_M^{\frac{\varepsilon-1}{\varepsilon}} \right]^{\frac{\varepsilon}{\varepsilon-1}}, Y_I = \left[\gamma Y_R^{\frac{\beta-1}{\beta}} + (1-\gamma) Y_H^{\frac{\beta-1}{\beta}} \right]^{\frac{\beta}{\beta-1}}$$

$$\text{e. t.} \quad Y_i = A_i L_i, i = H, R, M \tag{F5.1}$$

其中，λ，$\gamma \in (0, 1)$ 为产品 Y_i 表在生产函数中的相对重要性；A_i 表示 i 要素增强型技术进步；$\beta \in (0, +\infty)$ 为高技能产品和中等技能的替代弹性；$\beta > 1$，表示产品间存在替代关系；$\beta < 1$ 表示产品间存在互补关系。当中等技能劳动和高技能劳动之间存在替代关系大于 1 时，中等技能产品和高技能产品也存在替代关系（阿西莫格鲁，2002）。根据我们的研究目的和已有研究经验如卡茨和墨菲（1992），赫克曼、洛克纳和泰伯（Heckman, Lochnerand Taber, 1998），假设 $\beta > 1$。ε 为低技能产品与高（中）技能产品的替代弹性。

　　假设最终品市场为完全竞争市场，那么，在市场出清的条件下，高、中、低技能劳动的工资等于其边际产出。那么，对式（F5.1）求导数，可以得到高技能劳动相对中等技能劳动的工资和总劳动报酬比：

$$\frac{w_H}{w_R} = \frac{1-\gamma}{\gamma} \left(\frac{A_H}{A_R} \right)^{\frac{\beta-1}{\beta}} \left(\frac{L_H}{L_R} \right)^{\frac{-1}{\beta}} \tag{F5.2a}$$

$$\frac{w_H L_H}{w_R L_R} = \frac{1-\gamma}{\gamma} \left(\frac{A_H L_H}{A_R L_R} \right)^{\frac{\beta-1}{\beta}} \tag{F5.2b}$$

式（F5.2a）表明，如果高技能劳动和中等技能劳动的替代弹性 β 大于 1，高技能增强型技术进步将促进高技能劳动相对中等技能劳动的工资上升。根据技能偏向性技术进步的定义，此时的高技能增强型技术进步称为高技能偏向性技术进步。相反，如果 β < 1，高技能增强型技术进步将降低高技能劳动相对中等技能劳动的工资，此时的高技能增强型技术进步称为中等技能偏向性技术进步。高技能增强型技术进步也促进了高技能劳动的相对中等技能劳动的报酬。

同理，可以得到高技能劳动相对低技能劳动的工资和总劳动报酬比：

$$\frac{w_H}{w_M} = \frac{\lambda(1-\gamma)}{1-\lambda}\left(\frac{L_H}{L_M}\right)^{-\frac{1}{\varepsilon}}\left(\frac{A_H}{A_M}\right)^{\frac{\varepsilon-1}{\varepsilon}}\left[\gamma\left(\frac{A_H L_H}{A_R L_R}\right)^{\frac{1-\beta}{\beta}} + (1-\gamma)\right]^{\frac{\varepsilon-\beta}{\varepsilon(\beta-1)}} \quad (F5.3a)$$

$$\frac{w_H L_H}{w_M L_M} = \frac{\lambda(1-\gamma)}{1-\lambda}\left(\frac{L_H A_H}{L_M A_M}\right)^{\frac{\varepsilon-1}{\varepsilon}}\left[\gamma\left(\frac{A_H L_H}{A_R L_R}\right)^{\frac{1-\beta}{\beta}} + (1-\gamma)\right]^{\frac{\varepsilon-\beta}{\varepsilon(\beta-1)}} \quad (F5.3b)$$

式（F5.3a）表明，当高技能劳动与中等技能劳动的替代弹性 β 大于 1，且高技能劳动与低技能劳动的替代弹性小于 β 时，即 ε < β，高技能增强型技术进步将首先促进高技能劳动相对低技能劳动的工资，当达到临界点后，高技能增强型技术进步反而会提高低技能劳动相对高技能劳动的工资。

同理，得到低技能劳动相对中等技能劳动的工资和总劳动报酬比：

$$\frac{w_M}{w_R} = \frac{1-\lambda}{\lambda\gamma}\left(\frac{L_M}{L_R}\right)^{\frac{-1}{\varepsilon}}\left(\frac{A_M}{A_R}\right)^{\frac{\varepsilon-1}{\varepsilon}}\left[\gamma + (1-\gamma)\left(\frac{A_H L_H}{A_R L_R}\right)^{\frac{\beta-1}{\beta}}\right]^{\frac{\beta-\varepsilon}{\varepsilon(\beta-1)}} \quad (F5.4a)$$

$$\frac{w_M L_M}{w_R L_R} = \frac{1-\lambda}{\lambda\gamma}\left(\frac{A_M L_M}{A_R L_R}\right)^{\frac{\varepsilon-1}{\varepsilon}}\left[\gamma + (1-\gamma)\left(\frac{A_H L_H}{A_R L_R}\right)^{\frac{\beta-1}{\beta}}\right]^{\frac{\beta-\varepsilon}{\varepsilon(\beta-1)}} \quad (F5.4b)$$

式（F5.4a）表明，当 ε < β 时，高技能增强型技术进步将促进低技能劳动相对于中等技能劳动的相对工资。该式结论同奥特尔和多恩（2012）的结论一致，即如果高技能劳动与低技能劳动的替代弹性小于与中等技能劳动的替代弹性，高技能增强型技术进步将促进低技能偏向性技术进步。结合式（F5.2a）、式（F5.3a）和式（F5.4a），高技能增强型技术进步将提高高技能劳动和低技能劳动相对中等技能劳动的相对工资，而且在达到临界点前，高技能劳动相对低技能劳动的工资上升，此后，高技能劳动相对低技能劳动的工资下降。这一过程符合 20 世纪 90 年代以来美国工资极化的事实。根据式（F5.2b）、式（F5.3b）和式（F5.4b），高、中、低技能劳动报酬也会经

历与工资类似的过程。

式（F5.2）~式（F5.4）描述了劳动的需求函数，为了描述劳动力市场均衡条件下技能偏向性技术进步与高、中、低技能劳动就业的关系，本书借鉴汉隆（2011），假设劳动供给满足如下关系：

$$L_i = \phi_i w_i, i = H, R, M \tag{F5.5}$$

其中，$\phi_i \in (0, \infty)$ 为劳动力供给弹性，该式表示工资上升将促进劳动供给上升。

将式（F5.5）代入式（F5.2a），可以得到如下关系式：

$$\frac{L_H}{L_R} = \left(\frac{\phi_H}{\phi_R} \frac{1-\gamma}{\gamma} \right)^{\frac{\beta}{\beta+1}} \left(\frac{A_H}{A_R} \right)^{\frac{\beta-1}{\beta+1}} \tag{F5.6a}$$

将式（F5.5）和式（F5.6）分别代入式（F5.3a）和式（F5.4a），可得：

$$\frac{L_H}{L_M} = \left(\frac{\phi_H}{\phi_M} \frac{\lambda(1-\gamma)}{1-\lambda} \right)^{\frac{\varepsilon}{\varepsilon+1}} \left(\frac{A_H}{A_M} \right)^{\frac{\varepsilon-1}{\varepsilon+1}} \left[\gamma \left(\frac{\phi_H}{\phi_R} \frac{1-\gamma}{\gamma} \right)^{\frac{1-\beta}{\beta+1}} \left(\frac{A_H}{A_R} \right)^{\frac{2(1-\beta)}{\beta+1}} + (1-\gamma) \right]^{\frac{\varepsilon-\beta}{(\beta-1)(\varepsilon+1)}} \tag{F5.6b}$$

$$\frac{L_M}{L_R} = \left(\frac{\phi_M}{\phi_R} \frac{1-\lambda}{\lambda\gamma} \right)^{\frac{\varepsilon}{\varepsilon+1}} \left(\frac{A_M}{A_R} \right)^{\frac{\varepsilon-1}{\varepsilon+1}} \left[\gamma + (1-\gamma) \left(\frac{\phi_H}{\phi_R} \frac{1-\gamma}{\gamma} \right)^{\frac{\beta-1}{\beta+1}} \left(\frac{A_H}{A_R} \right)^{\frac{2(\beta-1)}{\beta+1}} \right]^{\frac{\beta-\varepsilon}{(\beta-1)(\varepsilon+1)}} \tag{F5.6c}$$

式（F5.6a）表明，当 $\beta > 1$ 时，高技能增强型技术进步将提高高技能劳动相对中等技能劳动的就业，式（F5.6b）表明，高技能增强型技术进步将首先提高高技能劳动相对低技能劳动的就业，当达到临界点后，高技能增强型技术进步将反向提高低技能劳动的相对就业。式（F5.6c）表明，高技能增强型技术进步将提高低技能劳动相对中等技能劳动的就业。由于 $\beta > 1$，高技能增强型技术进步也是高技能偏向性技术进步，因此，本书的结论表明，高技能偏向性技术进步将促进劳动力市场的就业极化。

参考文献

[1] 黄志勇. 研发、FDI 和国际贸易对创新能力的影响——基于中国行业数据的实证分析 [J]. 产业经济研究，2013（3）：84 – 90.

[2] 黄怡胜，舒元. 经济自由及其变动的增长效应——来自跨国经济增长面板数据的再检视 [J]. 经济学（季刊），2012（2）.

[3] 侯晓辉，王青和冯宗宪. 金融生态与中国工业企业的技术创新能力 [J]. 产业经济研究，2012（3）：59 – 79.

[4] 凯瑟琳. 西伦. 王星译，制度是如何演化的——德国、英国、美国和日本的技能政治经济学 [M]. 上海：上海人民出版社，2010.

[5] 拉詹. 刘念，蒋宗强. 孙倩和刘开雄等译，断层线：全球经济潜在的危机 [M]. 北京：中信出版社，2011.

[6] 兰德斯. 谢怀筑译，解除束缚的普罗米修斯：1750 年迄今西欧的技术变革与工业发展 [M]. 北京：华夏出版社，2007.

[7] 刘小鲁. 我国创新能力积累的主要途径：R&D，技术引进，还是 FDI？ [J]. 经济评论，2011（3）：88 – 96.

[8] 里夫金. 张体伟，孙豫宁译，第三次工业革命：新经济模式如何改变世界 [M]. 北京：中信出版社，2012.

[9] 逯东、林高和杨丹. 政府补助、研发支出与市场价值 [J]. 投资研究，2012（9）：67 – 81.

[10] 莫基尔. 陈小白译，富裕的杠杆：技术革新与经济进步 [M]. 北京：华夏出版社，2008.

[11] 邵敏，黄玖立. 外资与我国劳动收入份额——基于工业行业的经验研究 [J]. 经济学（季刊），2010（7）.

[12] 熊彼特. 吴良健译，资本主义、社会主义与民主 [M]. 北京：商

务印书馆，1999.

　　[13] 熊彼特. 何畏，易家详译，经济发展理论 [M]. 北京：商务印书馆，1991.

　　[14] 余泳泽. FDI 技术外溢是否存在"门槛条件"——来自我国高技能产业的面板门限回归分析 [J]. 数量经济技术经济研究，2012 (8)：49－63.

　　[15] 张中元，赵国庆. FDI、环境规制与技术进步——基于中国省级数据的实证分析 [J]. 数量经济技术经济研究，2012 (4)：19－32.

　　[16] Acemoglu, Daron. Why Do New Technologies Complement Skills? Directed Technical Change and Wage Inequality [J]. Quarterly Journal of Economics, 1998, 113：1055－1089.

　　[17] Acemoglu, Daron. Directed Technical Change [J]. Review of Economic Studies. 2002a, 69 (4)：781－809.

　　[18] Acemoglu, Daron. Technical Change, Inequality, and the Labor Market [J]. Journal of Economic Literature, 2002b, 40 (1)：7－72.

　　[19] Acemoglu, Daron . Patterns of Skill Premia [J]. Review of Economic Studies, 2003, 70：199－230.

　　[20] Acemoglu, Daron. Introduction to Modern Economic Growth [M]. Princeton University Press, 2009.

　　[21] Acemoglu, Daron. When Does Labor Scarcity Encourage Innovation? [J]. Journal of Political Economy, 2010, 118 (6)：1037－1078.

　　[22] Acemoglu, Daron and David Autor. Skills, Tasks and Technologies：Implications for Employment and Earnings, NBER Working Paper No. 16082, 2010. http：//www. nber. org/papers/－w16082.

　　[23] Acemoglu, Daron, Philippe Aghion and Giovanni L Violante Deunionization, technical change and inequality [J]. Carnegie-Rochester Conference Series on Public Policy, 2001, 55 (1)：229－264.

　　[24] Acemoglu, Daron, Gancia, Gino and Zilibotti, Fabrizio. Offshoring and Directed Technical Change. NBER Working Paper No. 18595, 2012. http：//www. nber. org. sixxs. org/papers/w18595.

　　[25] Acemoglu, Daron, Simon Johnson and James A. Robinson. Reversal of Fortune：Geography and Institutions in the Making of the Modern World Income Dis-

tribution [J]. Quarterly Journal of Economics, 2002, 117 (04): 1231 – 1294.

[26] Acikgoz, Omer and Baris Kaymak. The Rising Skill Premium and De-unionization in the United State. Societyfor Economic Dynamics Meeting Papers 1433, 2011. http://www.economicdynamics.org/meetpapers/2011/paper_1433.pdf.

[27] Allen, Robert. The British Industrial Revolution in Global Perspective [M]. Cambridge University Press, 2009.

[28] Allen, Robert. The High Wage Economy and the Industrial Revolution: A Restatement. Oxford University Discussion Papers in Economic and SocialHistory, NO. 115, 2013, http://www.economics.ox.ac.uk/materials/papers/12767/allen115.pdf.

[29] Aghion, Philippe, Antoine Dechezlepretre, David Hemous, Ralf Martin and John Van Reenen. Carbon taxes, Path Dependency and Directed Technical Change: Evidence from the Auto Industry, NBER Working Paper No. 18596, http://www.nber.org/papers/w18596, 2012.

[30] Aghion, Philippe and Peter Howitt. A Model of Growth Through Creative Destruction. Econom-etrica, 1992, 60 (2): 324 – 351.

[31] Aghion, Philippe and Peter Howitt. The Economics of Growth. Cambridge [M], MA: MIT Press, 2009.

[32] Aghion, Philippe, Christopher Harris, Peter Howitt and John Vickers, Competition, Imitation, and Growth with Step-by-Step Innovation [J]. Review of Economic Studies, 2001, 68: 467 – 492.

[33] Aghion, Philippe, Ufuk Akcigit and Peter Howitt. What Do We Learn From Schumpeterian Growth Theory? NBER Working Paper No. 18824, 2013. http://www.nber.org/papers/w18824.

[34] Aghion, Philippe, R. Burgess, S. Redding, and F. Zilibotti. Entry Liberalization and Inequality in Industrial Performance [J]. Journal of European Economic Association 2005, 3: 291 – 302.

[35] Atack, Jeremy, Fred Bateman and Robert A. Margo. Skill Intensity and Rising Wage Dispersion in Nineteenth-Century American Manufacturing [J]. The Journal of Economic History, 2004, 64 (1): 172 – 192.

[36] Ayyagari, M, Demirguc-Kunt, A. and V. Maksimovic. Firm Innovation

in Emerging Markets: The Role of Governance and Finance [J]. Journal of Financial and Quantitative Analysis, 2011, 46 (6): 1545 – 1580.

[37] Autor, David and David Dorn. The Growth of Low Skill Service Jobs and the Polarization of the U. S. Labor Market. IZA Discussion Papers 7068, 2012. http: //ftp. iza. org. sixxs. org/dp7068 – . pdf. orNBER Working Paper No. 15150 [J]. American Economic Review, 2013, 103 (5): 1553 –1597.

[38] Autor, David, Lawrence F. Katz and Melissa S. Kearney. The Polarization of the U. S. Labor Market [J]. American Economic Review Papers and Proceedings, 2006, 96 (2): 189 –194.

[39] Autor, David, David Dorn and Gordon H. Hanson. The China Syndrome: Local Labor Market Effects of Import Competition in the United States. NBER Working Paper No. 18054, 2012. http: // – www. nber. org/papers/ w18054, orAmerican Economic Review, 103 (6): 2121 –2168.

[40] Autor, David H, Frank Levy, and Richard J. Murnane. The Skill-Content of Recent Technological Change: An Empirical Investigation. [J]. Quarterly Journal of Economics. 2003, 118 (4): 1279 –1333.

[41] Autor, David, Lawrence Katz and Alan Krueger, Computing Inequality: Have Computers Changed the Labor Market? [J]. Quarterly Journal of Economics, 1998, 113 (4) : 1169 –1214.

[42] Beaudry, Paul, David A. Green, and Benjamin M. Sand. The Great Reversal in the Demand for Skill and Cognitive Tasks. NBER Working Paper No. 18901, 2013. http: //www. nber. org/papers/ – w18901.

[43] Bjørnskov, Christian and Nicolai J. Foss. How Institutions of Liberty Promote Entrepreneurship and Growth. Chapter 6 in Economic Freedom of the World: 2012 Annual Report [J]. Fraser Institute: 247 –270.

[44] Bloom, Nicholas, Luis Garicano, Raffaella Sadun and John Van Reenen. The distinct effects of Information Technology and Communication Technology on firm organization. Working Paper, 2011. http: //www. stanford. edu / ~ nbloom/ BGSV_2011. pdf.

[45] Bloom, Nicholas, Mirko Draca, and John Van Reenen. Trade induced technical change? The impact of Chinese imports on innovation and Information

Technology. NBER Working Paper No. 16717, 2011. http：//www. nber. org /papers/w16717.

［46］ Brambilla, Irene, Daniel Lederman and Guido Porto. Exports ［J］. Export Destinations and Skills American Economic Review, 2012, 102 (7)：3406 - 38.

［47］ Blinder, Alan S. Offshoring：Big Deal, or Business as Usual? Center for Economic Policy Studies Working Paper 149, 2007. http：//www. princeton. edu / ceps/workingpapers/149blinder. pdf.

［48］ Baumol, W. J. Macroeconomics of Unbalanced Growth：the Anatomy of Urban Crisis ［J］. American Economic Review, 1967, 57：415 –426.

［49］ Boehm, Michael J. Has Job Polarization Squeezed the Middle Class? Evidence from the Allocation of Talents. CEP Discussion Paper No 1215, 2013. http：//cep. lse. ac. uk/pubs/Download –/dp1215. pdf.

［50］ Burstein, Ariel, Javier Cravino and Jonathan Vogel. Importing Skill-Biased Technology ［J］. American Economic Journal：Macroeconomics, 2013, 5 (2)：32 –71.

［51］ Burstein, Ariel, Jonathan Vogel. International trade, technology, and the skill premium. Society for Economic Dynamics 2012 Meeting Papers, No664. http：//www. economicdynamics. org /meetpapers/2012/paper_664. pdf.

［52］ Caselli, Mauro . Trade, skill-biased technical change and wages in Mexican manufacturing. School of Economics, University of New South Wales, 2012. http：//www. etsg. org /ETSG2012/Programme/Papers/7. pdf.

［53］ Charles, Kerwin Kofi, Erik Hurst, Matthew J. Notowidigdo. Manufacturing Decline, Housing Booms, and Non-Employment. NBER Working Paper No. 18949, 2013. http：//www. nber. org/Papers/w18949.

［54］ Coyne, Christopher J. and Russell S. Sobel. How Are Institutions Related? Chapter 3 in Economic Freedom of the World：2010 Annual Report ［J］. Fraser Institute：163 –174.

［55］ Chin, Aimee, Chinhui Juhn and Peter Thompson. Technical Change and the Demand for Skills during the Second Industrial Revolution：Evidence from the Merchant Marine, 1891 –1912 ［J］. The Review of Economics and Statistics,

2006, 88 (3): 572 - 578.

［56］ Doms, Mark E. and Ethan G. Lewis. Labor Supply and Personal Computer Adoption. Federal Reserve Bank of Philadelphia Working Paper No. 06 - 10, 2006. http: //www. philadelphiafed. org /research-and-data/publications/working-papers/2006/wp06 - 10. pdf.

［57］ Duffy, J and C. Papageorgiou. A Cross-Country Empirical Investigation of the Aggregate Production Function Specification ［J］. Journal of Economic Growth 2000, 5: 87 - 120.

［58］ Dennis, Benjamin N. And Talan İşcan. Engel versus Baumol: Accounting for structural change using two centuries of U. S. data ［J］. Explorations in Economic History, 2009, 46 (2): 186 - 202.

［59］ Dinlersoz, Emin M. and Jeremy Greenwood, The Rise and Fall of Unions in the U. S. NBER Working Papers 18079, 2012. http: //www. nber. org/papers/w18079.

［60］ Dubois, Pierre, Olivier de Mouzon, Fiona Scott-Morton and Paul Seabright. Market Size and Pharmaceutical Innovation, CEPR Discussion Paper No. DP8367, 2011. http: //www. cepr. org. sixxs. org/pubs/dps/DP8367.

［61］ Epifani, Paolo and Gino Gancia. The Skill Bias of World Trade ［J］. Economic Journal, 2008, 118: 927 - 960.

［62］ Engerman, Stanley L. and Kenneth L. Sokoloff. Institutional and Non-Institutional Explanations of Economic Differences. Chapter 25 in Handbook of New Institutional Economics ［J］. Dordrecht and New York: Springer, 2005: 639 - 666.

［63］ Gwartney, James and Robert Lawson. Economic Freedom, Investment, and Growth. Chapter 2 in Economic Freedom of the World: 2004 Annual Report ［J］. Fraser Institute, 28 - 44.

［64］ Falvey, Rod, Neil, Foster and Olga Memedovic. The Role of Intellectual Property Rights in Technology Transfer and Economic Growth: Theory and Evidence. United Nations Industrial Development Organization (UNIDO) Working Papers, 2006. http: //www. unido. org/fileadmin/ - usermedia/Publications/Research_and_statistics/Branch_publications/Research_and_Policy/Files/Working_Papers/2006/WPjuly2006%20IPR_rights_in_technology_transfer. pdf.

［65］ Fan, Joseph P. H, Stuart L. Gillan, and Xin Yu. Innovation or Imitation? The Role of Intellectual Property Rights Protections ［J］. Journal of Multinational Financial Management, 2013, 23 （3）: 208 - 234.

［66］ Falk, Martin. Diffusion of information technology, internet use and the demand of heterogeneous labor. ZEWDiscussion Papers, No. 01 - 48, 2001. http: //econstor. eu/bitstream/10419/ - 24469/1/dp0148. pdf.

［67］ Falk, Martinand Katja Seim. The Impact Of Information Technology On High-Skilled Labor In Services: Evidence From Firm-Level Panel Data. Economics of Innovation and New Technology ［J］. Taylor and Francis Journals, 2001, 10 （4）: 289 - 323.

［68］ Fitoussi, J P and Stiglitz, J. E. The Ways Out of the Crisis and the Building of a More Cohesive World, OFCE Document de travail, 2009. http: // www. ofce. sciencespo. fr. sixxs. org/pdf/dtravail/WP200917. pdf.

［69］ Fraser Institute. Economic Freedom of the World Reports 2012. http: // www. freetheworld. com, 2012.

［70］ Grossman, Gene M. Elhanan Helpman. Quality Ladders in the Theory of Growth ［J］. The Review of Economic Studies, 1991, 58 （1）: 44 -61.

［71］ Grossman, Gene M. and Elhanan Helpman. Quality Ladders and Product Cycles ［J］. The Quarterly Journal of Economics, 1991b, 106 （2）: 557 -586.

［72］ Gordon, Robert. Discussion of Daron Acemoglu, Philippe Aghion, and Giovanni L. Violante. Deunionization, Technical Change, and Inequality. Carnegie-Rochester Series on Public Policy, October 21, 2001. http: //facultyweb. at. northwestern. edu /economics/gordon/Crpitpub. pdf.

［73］ Goos, Maarten, Alan Manning and Anna Salomons. Explaining Job Polarization in Europe: The Roles of Technology, Globalization and Institutions. CEP Discussion Paper No 1026. 2009. http: //cep. lse. ac. uk. sixxs. org/pubs/download/dp1026. pdf.

［74］ Gancia, Gino and Alessandra, Bonglioli. North-South Trade and Directed Technical Change ［J］. Journal of International Economics, 2008, 76: 276 -296.

［75］ Gartzke, Erik. Economic Freedom and Peace. chapter 2 in Economic Freedom of the World: 2005 Annual Report ［J］. Fraser Institute. 29 -44.

［76］Ge. 'S. Q and Yang. 'D. T. Changes in China's Wage Structure. The Institute for the Study of Labor (IZA) Discussion Paper No. 6492, 2012. http：// ftp. iza. org /dp6492. pdf.

［77］Goldin, Claudia and Lawrence F. Katz. The Race between Education and Technology：The Evolution of U. S. Educational Wage Differentials. NBER Working Paper No. 12984, 2007. http：//www. nber. org /papers/w12984.

［78］Gray, Rowena. Taking technology to task：The skill content of techno-logical change in early twentieth century United States ［J］. Explorations in Eco-nomic History, 2013, 50 (3)：351 – 367.

［79］Goldin, ClaudiaandLawrenceFKatz. The Origins of Technology-Skill Complementarity ［J］. Quarterly Journal of Economics, 1998, 113：693 – 732.

［80］Hicks. The Theory of Wages. London, Macmillan, 1932, 2nd ed. 1963.

［81］Hanlon, Walker . Necessity is the Mother of Invention：Input Supplies and Directed Technical Change. Job Market paper, http：//www. columbia. edu. sixxs. org/ ~ wwh2104/hanlon dtc. pdf, 2011.

［82］Habakkuk, H J American and British Technology in the Nineteenth Cen-tury：Search for Labor Saving Inventions ［M］. Cambridge University Press, 1962.

［83］Hall, Bronwyn H. , Jaffe, Adam B. and Trajtenberg, Manuel. The NBER Patent Citations Data File：Lessons, Insights, and Methodological Tools. NBER Working Paper No. 8498, 2001. http：//www. nber. org /papers/w8498.

［84］Harrigan, James and Ariell Reshef. Skill biased heterogeneous firms, trade liberalization and the skill premium. NBER Working Paper No. 17604, 2011. http：//www. nber. org /papers/w17604.

［85］Helpman, Elhanan. Innovation, Imitation and Intellectual Property Rights, Econometrica, 1993, 61：1247 – 1280.

［86］Huang, Haizhou and Chenggang Xu. Institutions, Innovations and Growth ［J］. American Economic Review, 1999, 89 (2)：438 – 443.

［87］Heckelman, Jac C. , and Michael D. Stroup. Which Economic Freedoms Contribute to Growth? Kyklos, 2000, 53 (4)：527 – 544.

［88］Heckman, James J. , Lance Lochner, and Christopher Taber. Explaining Rising Wage Inequality：Explorations with a Dynamic General Equilibrium Model of

Labor Earnings with Heterogeneous Agents [J]. Review of Economic Dynamics, 1998, 1 (1): 1 -58.

[89] Hornstein, Andreas, Per Krusell and Giovanni L. Violante. The Effects of Technical Change on Labor Market Inequalities, chapter 20 in: Philippe Aghion and Steven Durlauf [J]. Handbook of Economic Growth, 2005, vol. 1: 1275 – 1370.

[90] Jaffe, Adam B. , Manuel Trajtenberg and Rebecca Henderson. Geographic Localization of Knowledge Spillovers as Evidenced by Patent Citations [J]. Quarterly Journal of Economics, 1993, 108 (3): 577 – 598.

[91] Jones, Charles I. R&D-Based Models of Economic Growth [J]. Journal of Political Economy, 1995a, 103: 759 – 784.

[92] Jones, Charles I. Time Series Tests of Endogenous Growth Models [J]. Quarterly Journal of Economics, 1995b, 110: 496 – 525.

[93] Jones, Charles I. Growth: With or Without Scale Effects [J]. American Economic Review, 1998, 89, 139 – 144.

[94] Jaimovich, Nir and Henry E. Siu. The Trend is the Cycle: Job Polarization and Jobless Recoveries. NBER Working Paper No. 18334, 2012. http: // www. nber. org/ papers/ w18334.

[95] Katz, Lawrence and Kevin M. Murphy. Changes in Relative Wages, 1963 – 1987: Supply and Demand Factors [J]. The Quarterly Journal of Economics, 1992, 107 (1): 35 – 78.

[96] Kennedy, Charles. Induced Bias in Innovation and the Theory of Distribution [J]. The Economic Journal, 1964, 74: 541 – 547.

[97] Kiley, Michael T. The Supply of Skilled Labour and Skill-biased Technological Progress [J]. The Economic Journal. 1999, 109: 708 – 724.

[98] Kongsamut, Piyabha, Rebelo, Sergio and Xie, Danyang. Beyond Balanced Growth [J]. Review of Economic Studies, 2001, 68: 869 – 882.

[99] Kroeger, Sarah. TheContribution of Offshoring to the Convexification of the U. S. Wage Distribution. Job Market Paper, 2013. http: //people. bu. edu/skroeger/research. htm.

[100] La Porta, Rafael, Florencio Lopez-de-Silanes and Andrei Shleifer [J]. The Economic Consequences of Legal Origins. Journal of Economic Litera-

ture, 2008, 46 (2): 285 - 332.

[101] Levine, Ross. Finance and Growth: Theory and Evidence. chapter 12 in: Philippe Aghion & Steven Durlauf [J]. Handbook of Economic Growth, 2005, vol. 1: 865 - 934.

[102] Miyagiwa, Kaz and C. Papageorgiou. The Elasticity of Substitution, Hicks' Conjectures, and Economic Growth. Louisiana State University, Departmental Working Papers, No. 2003. 08, 2003. http: //www. bus. lsu. edu /economics/ papers/pap03_08. pdf.

[103] Melitz, Marc. The impact of trade on intra-industry reallocations and aggregate productivity growth [J]. Econometrica, 2003, 71: 1696 - 1725.

[104] Mazzolari, Francesca, and Giuseppe Ragusa. Spillovers from High-Skill Consumption to Low-Skill Labor Markets [J]. IZA Discussion Papers 3048, 2007, or Review of Economics and Statistics, 2013, 95 (1): 74 - 86.

[105] Manning, Alan. We Can Work It Out: The Impact of Technological Change on the Demand for Low-Skill Workers [J]. Scottish Journal of Political Economy, 2004, 51 (5): 581 - 608.

[106] Michaels, Guy, Ashwini Natraj and John Van Reenen. Has ICT Polarized Skill Demand? Evidence from Eleven Countries over 25 Years. NBER Working Paper No. 16138, 2010. http: //www. nber. org /papers/w16138.

[107] Mokyr, Joel. The Institutional Origins of the Industrial Revolution ? in Elhanan Helpman, Institutions and Economic Performance [J]. Harvard University Press, 2008: 64 - 119.

[108] Milgrom, Paul and John Roberts. The Economics of Modern Manufacturing: Technology, Strategy and Organization [J]. American Economic Review, 1990, 80: 511 - 28.

[109] Matsuyama, K. Beyond Icebergs: Towards A Theory of Biased Globalization [J]. The Review of Economic Studies, 2007, 74: 237 - 253.

[110] Machin, Stephen and John Van Reenen. Technology and Changes in Skill Structure: Evidence from Seven OECD Countries [J]. The Quarterly Journal of Economics, 1998, 113 (4): 1215 - 1244.

[111] Newell, Richard, Adam Jaffe and Robert Stavins. The Induced Innova-

tion Hypothesis and Energy-Saving Technological Change [J]. Quarterly Journal of Economics. 1999, 114: 941 –975.

[112] North, D. Institutions, Institutional Change and Economic Performance [M]. Cambridge: Cambridge University Press, 1990.

[113] Norton, Seth W. and James D. Gwartney. Economic Freedom and World Poverty. chapter 2 in Economic Freedom of the World: 2008 Annual Report. Fraser Institute, 23 –40.

[114] Oener, Alexandra Spitz. Technical Change, Job Tasks, and Rising Educational Demands: Looking outside the WageStructure [J]. Journal of Labor Economics, 2006, 24 (2): 235 –270.

[115] Oldenski, Lindsay, Offshoring and the Polarization of the U. S. Labor Market, working paper, 2012. http: //www9. georgetown. edu. sixxs. org/faculty/lo36/Oldenski_OffshoringAndPolarization_Oct2020. pdf.

[116] Ottaviano, Gianmarco I. P, Giovanni Peri and Greg C. Wright. Immigration, Oshoring and American Jobs [J]. American Economic Review, 2013, 103 (5): 1925 –59.

[117] Parro, Fernando. Capital-Skill Complementarity and the Skill Premium in a Quantitative Model of Trade [J]. American Economic Journal: Macroeconomics, 2013, 5 (2): 72 –117.

[118] World Bank. 2007. World Development Indicators 2007. http: //data. worldbank. org/products –/Databooks/WDI –2007.

[119] Romer, Paul M. Endogenous Technological Change [J]. The Journal of Political Economy. 1990, 98 (5): 71 –102.

[120] Rothbarth, E. Causes of the Superior Efficiency of U. S. A. Industry as Compared with British Industry [J]. The Economic Journal, 1946, 56 (223): 383 –390.

[121] Samuelson, Paul. A Theory of Induced Innovation along Kennedy-Weisäcker Lines [J]. The Review of Economics and Statistics, 1965, 47 (4): 344. 176.

[122] Schmookler, Jacob . Invention and Economic Growth [M]. Cambridge: Harvard University Press, 1966.

[123] Segerstrom, Paul S. , T. C. A. Anant, and Elias Dinopoulos. A Schumpeterian Model of the Product Life Cycle [J]. American Economic Review, 1990, 80 (5): 1077 - 1091.

[124] Schott, Peter K. U. S. Manufacturing Exports and Imports by SIC or NAICS Category and Partner Country, 1972 to 2005. 2010. http: //faculty. som. yale. edu/peterschott/sub_internAtional - . htm.

[125] Senftleben, Charlotte and Wielandt, Hanna. The polarization of employment in German local labor markets. SFB 649 discussion paper, No. 2012 - 013, 2012. https: //www. econstor. eu/dspace/ - bitstream/10419/56638/1/685026914. pdf.

[126] Shleifer, Andrei. State Versus Private Ownership [J]. Journal of Economic Perspectives, 1998, 12 (4): 133 - 150.

[127] Stroup, Michael D. Does Economic Freedom Promote Women's Well-being? Chapter 4 in Economic Freedom of the World: 2011 Annual Report [J]. Fraser Institute: 179 - 190.

[128] Thoenig, Mathias and Thierry Verdier. A Theory of Defensive Skill-Biased Innovation and Globalization [J]. The American Economic Review. 2003, 93 (3): 709 - 728.

[129] Tebaldi, Edinaldo and Bruce Elmslie. Institutions, Innovation And Economic Growth. Journal of Economic Development, Chung-Ang Unviersity [J]. Department of Economics, 2008, 33 (2), 27 - 53.

[130] Tebaldi, Edinaldo and Bruce Elmslie. Does institutional quality impact innovation? Evidence from cross-country patent grant data, Applied Economics [J]. Taylor and Francis Journals, 2013, 45 (7), 887 - 900.

[131] Xu, Bin. Endogenous Technology Bias, International Trade, and Relative Wages. 2001, Univer-sity of Florida. http: //www. ceibs. edu /faculty/xubin/ Endobias. pdf.

[132] Young, Alwyn. Growth without scale effects [J]. The Journal of Political Economy, 1998, 106 (1): 41 - 63.

[133] Verhoogen, Eric. Trade, Quality Upgrading and Wage Inequality in the Mexican Manufacturing Sector [J]. Quarterly Journal of Economics, 2008, 123 (2): 489 - 530.

[134] Van Reenen, J. Wage inequality, technology and trade: 21st century evidence [J]. Labour Economics, 2011, 18 (6): 730 – 741.

[135] Violante, Giovanni. Skill-Biased Technical Change. published in The New Palgrave Dictionary of Economics, 2nd Edition, Steven Durlauf and LawrenceBlume [J]. Palgrave Macmillan, 2008.

[136] Zwaan, van der, Bob C. C, Reyer Gerlagh, Ger Klaassen, and Leo Schrattenholzer. Endogenous Technological Change in Climate Change Modelling [J]. Energy Economics, 2002, 24 (1): 1 – 19.

后　记

　　本书是在作者的博士论文基础上修改出版，主要就发达国家20世纪70年代以来技能溢价和劳动力市场极化的现象进行了系统研究。由于发达国家经济的发展历程是发展中国家经济发展模板，发展中国家未来也可能经历劳动力市场极化。实际上，随着我国劳动力成本的上升，目前我国的不少工厂采用机器人替代人工进行生产，发达国家经历的类似现象导致了劳动力市场极化，我国也可能出现劳动力市场极化现象。为此，作者将本书出版，以便各位同行交流和批评指正。本书的写作得到了导师段文斌教授的悉心指导，在此表示衷心的感谢。

　　在作者参加工作后，在博士论文的基础上做了进一步研究，对产权保护的门槛效应和市场化对技能溢价的影响进行了理论和实证研究，目前已经形成较好的研究成果。本书涉及的经济学理论主要是内生增长理论和内生偏向性技术创新理论，也是作者博士期间和工作后的主要研究方向之一。本书在第4章4.1从理论角度研究了财税政策对技能偏向性技术进步和收入分配的影响。今后，作者将利用这一理论研究我国财税政策在新兴产业如环境技术产业、信息技术产业和制造业信息化方面的应用。研究税收和补贴政策对这些行业技术创新、劳动力市场动态和收入分配的影响。作者目前主持的一项教育部课题即是利用内生偏向性技术创新理论研究环境税、环境补贴对清洁技术创新的影响机制和政策应对。作者后续的研究和本书的出版得到了南京审计大学经济学院的大力支持，在此表示衷心的感谢。

作　者

2018 年 3 月